國家圖書館出版品預行編目資料

逍遙的莊子／吳怡著.－－三版一刷.－－臺北市. 三民, 2019

面; 公分

ISBN 978-957-14-6638-5 (平裝)

1.(周)莊周 2.學術思想 3.人生哲學

121.33 108007106

© 逍遙的莊子

著作人 吳 怡
發行人 劉振強
著作財產權人 三民書局股份有限公司
發行所 三民書局股份有限公司
地址 臺北市復興北路386號
電話 (02)25006600
郵撥帳號 0009998-5
門市部 (復北店) 臺北市復興北路386號
(重南店) 臺北市重慶南路一段61號

出版日期 初版一刷 1984年10月
初版四刷 2001年2月
二版一刷 2004年1月
二版三刷 2009年7月
三版一刷 2019年6月
編號 S 120260
行政院新聞局登記證局版臺業字第〇二〇〇號

ISBN 978-957-14-6638-5 (平裝)

http://www.sanmin.com.tw 三民網路書店

逍遙的莊子

吳怡著

三民書局

二版序

吳怡

本書於民國六十二年在新大地書局發行時，我沒有寫序；後來於民國七十三年轉交三民書局出版時，增補了附錄，也沒有寫序。這次三民書局因舊版字跡模糊，準備再改新版，而向我索取一篇自序。面對三十年前的舊作，回想這一路下來的思想歷程，心中不禁泛起了「有話要說」。

本書原來是我的一篇升等論文。在送審通過後的某一次聚會上，方東美教授對我說，他讀過我送審的這篇論文，其中的觀點和他心有同感。雖然他沒有明言，但我心裡清楚，他所指的是我批評司馬遷、向秀、郭象、馮友蘭、胡適和熊十力等學者對莊子逍遙境界的誤解。方教授讚美莊子是空中飛人，欣賞莊子那種超拔塵世、天馬行空的精神，因此對熊十力評莊子「苶然無自在力」的看法當然是不願苟同的了。

這些年來，我對禪學與老莊的研究也許花的時間較多，但在我心中，儒家的精神仍然是定盤星。有些學者為了援釋歸孔，轉道返儒，而對佛道兩家持負面的看法，但我的態度乃是用儒家的精神儘量去發掘佛道中和儒家相通的地方，也就是說以儒顯佛，以儒證道。

在最近幾年的教學中，我更發現莊子的逍遙不只是超拔塵世，遊於方外；同時，他也入於塵世，遊於方內。正如他在〈天下〉篇中的自描，一面是「獨與天地精神往來」；另一面又是「不敖倪於萬物，不譴是非，以與世俗處」。

在〈大宗師〉篇中，莊子曾說：「以刑為體，以禮為翼，以知為時，以德為循。以刑為體者，綽乎其殺也；以禮為翼者，所以行於世也；以知為時者，不得已於事也；以德為循者，言其與有足者至於丘也，而人真以為勤行者也。」這段話近代學者有以為講刑，是法家言；有以為講禮與德，是儒家言；於是便動刀要刪。其實我們如果深體莊子的用意，卻要大呼刀下留情，刪不得，因為這正是莊子在人間世能逍遙的工夫與方法。「以刑為體」的刑不是指刑法，而是指天刑。我們的肉體有生必有死。有生是天命，有死是天刑。如果我們把自己的身體看作受刑之體，對於死亡便能處之泰然，因此應付這種自然的肅殺，也就能綽綽有餘了。至於世俗的禮與德，在《莊子》書中，雖有批評，但他的批評只是希望我們不為這些禮與德所執所限。並不是教唆我們故意破壞或反對這些禮與德。如在〈人間世〉篇中，莊子借孔子和顏回的對話，說明在人間世，必須「與人為徒」，即是與人為伍，當然不能避免和人往來的禮與德。但重要的是我們先要有「心齋」的工夫，使心地虛曠有如明鏡，能反映一切，而不留影像。也就是說能借禮之翼而飛、循德之途而行，心中卻不為禮與德所束縛，拘泥而不化。

三十年前，我欣賞莊子那種超塵拔俗、一飛沖天的氣勢；可是今天，我卻有興趣去發現莊子如何逍遙於世俗人間。我在這學期的莊子課中，建議學生們在期末報告裡，列舉他們在美國生活所遭遇到的許多問題，看看二千年前的莊子是否能幫他們應付。目前我還沒有看到他們提出的問題，因此只有請等下回分解了。不過本書的讀者們，不妨就自己所遭遇的問題，用讀《莊》心得，先去參一參吧！

寫於二〇〇三年十二月六日　時客居美國

目次

第一章 逍遙的莊子

一

二千三百餘年前，在中國東南部的蒙縣地方，產生了一位曠世的天才。他想像豐富，上窮碧落下黃泉，無所不至；他口才犀利，冷嘲熱諷，罵盡天下英雄，卻沒有一個人對他不心服口服；他思想尖銳，能言人之所欲言，也能言人之所不能言。尤其他那縱橫馳說、予奪自如的文字，更穿透了漫長歲月的阻隔，在今大，仍然是那麼的新，那麼的動人，那麼的具有衝擊力。

他就是莊子。

他就是道家的第二座高峰。

他就是金聖歎所批六才子書的第一本——《南華經》的作者。

二

司馬遷對於莊子生平的了解也很有限，他只知道莊子，名周，是宋國蒙人，曾經做過蒙縣的漆園吏，與梁惠王、齊宣王同時。

司馬遷對於莊子思想的評論卻令人費解，他認為莊子「其學無所不闚，然其要本歸於老子之言，故其著書十餘萬言，大抵率寓言」。這話除了「歸於老子之言」有待推敲外，尚符事實。可是他接著說：

作〈漁父〉、〈盜跖〉、〈胠篋〉，以詆訿孔子之徒，以明老子之術。畏累虛、亢桑子之屬，皆空語無事實，然善屬書離辭，指事類情，用剽剝儒墨。雖當世宿學不能自解免也。其言洸洋自恣以適己，故自王公大人不能器之。

這段話，使人非常困惑，因為我們都知道《莊子．內篇》是莊子的中心思想，而且是大家公認出於莊子的親筆，可是司馬遷卻一字不提。相反的，而舉〈漁父〉、〈盜跖〉、〈胠篋〉等思想淺薄，可能為莊子後學者所撰的作品，來說明莊子的詆毀孔子。對於這個困惑，我們只有一點可以解釋，就是司馬遷同情孔子，而有意要貶抑莊子，因此才避重就輕的舉〈漁父〉等篇為例。如果這個解釋不錯的話，那麼，司馬遷便是第一位誤解和曲解了莊子思想的人物。

三

為什麼我們認為司馬遷誤解和曲解了莊子思想？讓我們翻開莊子所寫的《南華經》，看看他的自描罷！

莊子很窮，窮得有一次幾乎斷炊，只得向管河的一位官吏借米。那位官吏滿口答應說：「沒有問題，等我收到田租時，借給你三百兩金好啦！」其實莊子借米是為了救急，所以他人為不高興的說：「我昨天來這兒的時候，途中聽到有人喊我的名字，我環顧四周，沒有人影。原來是車子壓過的溝中有條鮒魚在叫我，我問牠有什麼事，牠說：『我是東海裡的波臣，你能否給我斗升的水，活活我的命。』我回答說：『沒有問題，等我向南遊說吳越的君主，請他們激動長江的水來歡迎你好啦！』這時那條魚大發牢騷說：『我一時失策，處於這種困境。如果你能給我斗升的水，還能活下去；而現在你竟用那話搪塞我，不如早點到賣乾魚的店舖中來找我吧！』」莊子貧困的情形，由這段牢騷中可以略知一二了。

然而窮，正是莊子的本色，也是莊子工夫的起點。因為一般人由於窮，便為金錢所誘，失去了人格。而莊子卻不然，他雖然很窮，但對金錢卻看得非常淡泊。

某次宋國有一位曹商，奉宋王的命令出使秦國。去的時候，帶車幾乘；回來的時候，由於得到秦王的歡心，帶回一百多乘車子。便向莊子吹牛說：「叫我住在窮巷矮簷下，黃臉羸頸，織著草鞋過活，我是沒有這種刻苦的本領。而我的本領，只要一句話把萬乘之主說開心了，便可擁有百輛的車乘。」莊子帶著譏諷的口氣說：「我聽說秦王有一次生病，下詔求醫。凡能替他開破膿瘡的，賞一乘車；替他舐痔的，賞五乘車；做得愈卑鄙無恥的，得車愈多。你大概也替秦王醫過痔吧！不然怎能得了那麼多的車呢？好了，你快去吧！」這段諷刺是多麼的潑辣、尖刻，更可看出莊子對於那些以「無恥」所換來的榮譽富貴的深惡痛絕！

這是莊子對於「利」的超脫。

莊子的地位很賤，他一生最大的官，只是做個管管漆園的小吏。用現在的話來講，也不過是個管理員而已。但他卻並不因為自己很賤，便拚命的去追求功名。有一次他到梁國去看惠施，有人向惠施挑撥說：「莊周的口才比你好，他來了，你的相位就難保了。」惠施著了慌，便通令在城中搜尋他三天三夜。結果他登門去見惠施，說：「你知道南方有一種名叫鵷鶵的鳥嗎？牠從南海飛向北海，在遼闊的途程中，不見梧桐不宿，不遇竹實不吃，不逢醴泉不飲。正在牠飛時，下面有一隻鴟鴉，口裡正啣著一隻腐鼠，那隻鴟鴉生怕鵷鶵來搶牠口中之物，急得仰頭大叫一聲：『嚇！』現在你也想把梁國的相位，來向我嚇一聲嗎？」

事實上，莊子非但不會去爭取別人的相位，即使把相位恭恭敬敬的送給他，他也不會接受的。有一次楚王喜歡他的才氣，派了兩位大夫去禮聘他。那時他正在濮水邊釣魚，兩位大夫恭敬的說：「我們國王，有意把國事麻煩你先生。」莊子不動聲色，愛睬不睬的說：「我聽說楚國有一隻神龜，死了已三千年，你們楚王把牠用錦巾包著，繡笥盛著，藏在太廟裡，以卜吉凶。試問這隻神龜真正有靈的話，寧願死了留著一套龜甲受人尊重呢？還是活著，在泥路中拖著尾巴爬呢？」兩位大夫說：「以神龜來論，當然寧願活著，在泥路中拖著尾巴多爬一會呢！」

這是莊子對於「名」的超脫。

莊子是人，他不能不遭遇到人生的大患——死。

他曾遭遇到妻子的死。他的朋友惠施來弔喪，看見莊子非但不悲哀，反而直著雙腳，坐在地上，敲著瓦盆在唱歌。惠施奇怪的問：「她和你相伴一輩子，生下的兒子也已成人。她死了，你不哭一聲，倒也罷了；反而敲盆唱歌，這未免太過份了！」莊子回答說：「不如你所說，她初死時，我哪裡能無動於衷呢？但仔細一想，她本來是無生無形，毫無蹤影的；突然有了這個形，又有了生命，現在她又死去，這不正像春夏秋冬，隨時在變化嗎？她也許正在一間巨室內睡得很甜呢？我卻號啕的接連的哭著，自己想想未免可笑，所以不哭了。」可見莊子並非不愛他的妻子，他的先哭而後不哭，是他對死的悟解；而他之所以唱歌，乃是為了發抒對妻子的深情。

最後他又遭遇到自己的死。在他臨終時，幾位親近的弟子商量如何好好的安葬老師。莊子便說：「我把天地當棺槨，日月當連璧，星辰當珠璣，萬物當齎品，一切葬具都齊全了，還有什麼好商量的。」弟子們回答說：「沒有棺槨，我們深怕烏鴉老鷹吃了你。」莊子微笑的說：「棄在露天，送給烏鴉老鷹吃；埋在地下，送給螻蛄螞蟻吃，還不是一樣嗎？何必厚此薄彼，奪掉這邊的食糧，送給那一邊呢？」

這是莊子對「死」的超脫。

名和利是使人類失去自由的腳鐐和手銬，而死亡，卻使人類的一切化為烏有，註定了命運的悲劇。試想一個人，如果能掙脫名利的束縛，跳出死亡的陷阱，還有什麼煩惱痛苦可言。莊子之所以能逍遙，即在於此。

然而超越名利和死亡，還只是消極的一面，莊子必有另一面的工夫，使他能超越名利和死亡。有一次梁惠王請他去聊天，他穿著一身大麻衣，已打滿了補丁。腳上套著一雙鞋，沒有青絲鞋帶，而是用麻繩捆著，就這樣不修邊幅的去見梁惠王。惠王覺得他有點不像樣，就問：「先生，你那樣的潦倒嗎？」莊子幽默中有刺的說：「人有了道德而不能實現，才是真正的潦倒呢！衣破了，履穿了，並不是潦倒；而且這是我遭遇時代的不幸，碰不上聖君賢相，又有什麼辦法呢？」從這段話中可以看出莊子是重視道德的。

又有一次莊子去見魯君，魯君問：「魯國有很多的儒生，可是卻很少有人向你先生學道。」莊子回答說：「魯國的儒生並不多。」魯君奇怪的問：「在魯國到處可以看到穿儒服的人，怎麼說儒生很少呢！」莊子說：「我曾聽說，真正的儒生，戴著圓冠的，能識天時；穿著方鞋的，能知地形；掛著玉珮的，斷事如神。有道的君子，並不一定要穿著儒服啊！衣服穿得漂亮的，未必真有學問哩！你一定不信我的話吧！那麼你不妨下一道命令說：沒有儒家的學問，而穿著儒服的人，死罪。看看還有幾人？」魯君命令發下的第五天，魯國只有一個人敢穿著儒服立在公門前面。魯君就把他召進來，問以國事，果然隨機應變，對答如流。莊子笑笑說：「偌大一個魯國，真正的儒生只有一個人罷了，還能說多嗎？」這位儒生就是莊子自己的影射。可見莊子除了道德之外，還有經世治國的學問。試想莊子如果沒有切切實實的學問，楚王也不會請他出來為相了。

莊子的故事看到這裡，我們可以得到一個結論了：莊子之所以能逍遙，是由於他超脫了名利和死亡；而莊子之所以能超脫名利和死亡，乃是由於他有道德的修養，有學問的工夫。

了解到這一層，我們便知道莊子的詆毀孔子，有兩種可能：一種是他書中有些詆毀的話是出於後人的加添，而非莊子的親筆；另一種是有些貌似詆毀的話，就像莊子和魯君論儒生一樣，只是為了揭發假儒，而顯示真儒。

了解到這一層，我們便知道莊子雖然是個隱士，卻有救世的熱情；雖然玩世不恭，卻有嚴肅的道德使命；雖然鼓吹貌似浪漫的逍遙，卻有極為深厚的學問工夫。

四

然而最令人痛心的是由於後代一般讀《莊》者往往囿於一偏，只看到莊子喜笑怒罵的一面，而忽略了莊子含蘊深沉的另一面。

尤其〈逍遙遊〉一文，給予一般人的錯覺是莊子讚美無己、無名、無功、無用，於是勾畫出莊子的形象是遊手好閒，玩世不恭；勾畫出莊子的思想是不要榮譽，沒有是非觀念。

司馬遷是如此的了解，向秀、郭象是如此的了解，韓愈及某些宋明儒家是如此的了解，胡適、熊十力以及近代有些學者也是如此的了解。

這些學者們如此的了解，問題還不大，因為他們本身另有根基，尚不致因對莊子的誤解，而誤盡了自己的一生。但可怕的是一般年輕人，他們本身毫無根基，在思想上又沒有一點免疫能力，而作如此的了解，使他們的頹廢、放任有理論的支持，更是越發不可收拾了。

所以，如此的了解，不僅使我們成為莊子的罪人；而且也使莊子成為民族文化的罪人。

為了這個原因，筆者特別就〈逍遙遊〉一文著手，試從莊子逍遙的境界，以論莊子在知識和道德方面的兩重工夫。

第二章　莊子逍遙境界的誤解

莊子思想的最高境界，寄託於逍遙。所以《莊子》一書的首篇是〈逍遙遊〉，而歷來凡是醉心於莊子思想的哲人、學者、文豪，無不醉心於〈逍遙遊〉。

然而〈逍遙遊〉只是一種境界，境由心造，所以境界具有其特殊性、個別性。每個人因其本身的見解、體驗、修養、工夫的不同，而有不同的境界[1]。莊子的〈逍遙遊〉是寫莊子的境界。可是後代許多醉心莊子思想的人，由於他們本身的見解、體驗、修養、工夫的不同，因此對莊子的逍遙境界便產生了很大的誤解。

對莊子逍遙境界的誤解，最具代表性的是向、郭的《莊子注》[2]，而造成這一誤解，

---

1 在禪宗的頓悟裡，特別著重每個人的特殊性、個別性。而通過了他們的見解、體驗、修養、工夫所得的境界，也有極大的不同。所以悟有小悟、大悟、頓悟。其實頓悟後之境界，每個人也各有不同。

以及把這一誤解變成了一種理論，而影響得非常普遍的，是魏晉的玄學家們。

現在我們從向、郭注〈逍遙遊〉的錯誤，及這一錯誤的形成，與對後世的影響三方面來看看。

一、向、郭注〈逍遙遊〉的錯誤

向、郭注〈逍遙遊〉的錯誤，最主要的關鍵就是未能把握自然兩字的真義。按照中國哲學對自然兩字的用法，本是指宇宙人生的必然法則。由於這種法則，不是出於天帝的安排，也不是由於人為的設施，而完全是它本身自己如此的，[3]所以自然在宇宙來說，

---

2 《晉書》卷五十〈郭象傳〉：「先是，注《莊子》者，數十家，莫能究其旨統。向秀於舊注外，而為解義。妙演奇致，大暢玄風。惟〈秋水〉、〈至樂〉二篇未竟，而秀卒。秀子幼，其義零落。然頗有別本遷流。象為人行薄。以秀義不傳於世，遂竊以為己注。乃自注〈秋水〉、〈至樂〉二篇，又易〈馬蹄〉一篇，其餘眾篇，或點定文句而已，其後秀義別本出，故今有向郭二注，其義一也。」今天我們已無法考證，究竟哪部份是向秀的原注，哪部份是郭象的增添，因此只得合稱為「向、郭注」。

是指物性的自己如此；在人生來說，是指人性的自己如此。物性的自己如此是物性的本然，其本身並沒有價值的因素。而人性卻不然，其本身是有價值意義存在的。因為人本來也是萬物的一種，當然和萬物同具有物性。但人得天獨厚，具有靈智，能從萬物中脫穎而出。自人類從萬物中脫穎而出後，他一方面揚棄了許多物性，一方面更開發了許多人性[4]。所以就人來說，他是兼具了物性和人性的。所以人性之為人性，也就是人性之本然，當然是和物性有所不同的。現在我們先把其間的關係列一個表，順著這個表，來看看向、郭注〈逍遙遊〉的錯誤究竟在哪裡：

---

3 《老子》在第二十五章末尾說：「人法地，地法天，天法道，道法自然。」此處之自然，正是指道之內涵乃自己如此。

4 一般人常說人性中包括有獸性與神性。但依筆者的看法，獸性兩字過於粗俗，神性兩字過於虛玄，還不如用物性和人性較為平實。至於其間的關係可如左表：

人性 ↑ 人 ↓ 物性

也就是指人向下沉淪，便拘於物性，而向上開展，便是人性的發揚。

（表一）

首先我們看看向、郭對「自然」的看法，他說：

天地者，萬物之總名也。天地以萬物為體，而萬物必以自然為正。自然者，不為而自然者也。故大鵬之能高，斥鴳之能下，椿木之能長，朝菌之能短，凡此皆自然之所能，非為之所能也，不為而自能，所以為正也。

由這段話中，可以看出向、郭眼中的自然，是拘限於物理現象，以本能為主。因為大鵬之能高，斥鴳之能下，這是物理現象，也是本能使然，所以是不為而自然。

這種本能的自然，即是萬物的性分。這個性字，不僅〈逍遙遊〉中沒有，連〈內篇〉中也都沒有一字提到。但在向、郭的〈逍遙遊注〉中卻是一個重點。他在開端便聲明說：

鵬鯤之實，吾所未詳也。夫《莊子》之大義在乎逍遙遊放，無為而自得。故極小大之致，以明性分之適。

按照向、郭的說法，逍遙之所以可致，完全在於能明性分之適。但向、郭所謂性分，卻是局限於物性，他說：

物各有性，性各有極，皆如年知，豈跂尚之所及哉。

性分之分，即此處性各有極的極。而此處的極，並不像太極的極，具有深遠的理體的意義。相反的，乃是一種本能的限制。但人性卻不然，人性非但不受本能所限（如果受本能所限，便是物性，而非人性）[5]，而且是向上無限開放的。可是向、郭見不及此，

5 例如告子說「食色性也」，食、色只是本能，如果人生的意義只限於追求食、色，這便是拘於物性。這種人只是萬物中平列著的一類而已。相反的，在食、色之上還有更高的目標，以美

把人性當作物性來論，因此黏著在莊子的寓言上，而產生了誤注。

在莊子的筆下，鯤鵬和蜩鳩都是一種譬喻。莊子只是借鵬鳩之喻，托出大小境界的不同，以說明小知不及大知，小年不及大年。顯然莊子是要捨小就大，責小鳩而效大鵬（當然大鵬並非莊子最高的逍遙境界，但大鵬比起小鳩來，卻高明多了），但向、郭卻把大鵬和小鳩硬放在相等的天平上。本來在〈逍遙遊〉中「之二蟲又何知」的之二蟲是指蜩與學鳩，但向、郭卻注為鵬與蜩說：

二蟲謂鵬蜩也，對大於小，所以均異趣也。夫趣之所以異，豈知異而異哉。皆不知所以然而自然耳。自然耳不為也，此逍遙之大意。

又說：

化食色，提昇食色。這樣的人，便是能掙脫物性的束縛，走向人性。而他在萬物中的地位，不是平列的，而是超越的。

苟足於其性，則雖大鵬，無以自貴於小鳥。小鳥無羨於天池，而榮願有餘矣！故小大雖殊，逍遙一也。

由這兩段話中，可以看出向、郭認為大鵬和小鳩雖然形體有大小之分，但如果牠們都能「足於其性」，則都是一種逍遙。正如他所謂：

夫小大雖殊，而放於自得之場，則物任其性，事稱其能，各當其分，逍遙一也。豈容勝負於其間哉。

在這裡，我們已找到了向、郭注〈逍遙遊〉的重要關鍵，就在「足於其性」一語。本來「足於其性」一語境界甚高，《中庸》所謂「率性」、「盡其性」，都是「足於其性」。但《中庸》的性，是指人性，是指最高的理體。而向、郭所謂的性，卻局限於物性，如他說：

各以得性為至，自盡為極也。向言二蟲殊翼，故所至不同，或翱翔天池，或畢志榆枋，直各稱體而足，不知所以然也。今言小大之辯，各有自然之素，既非跂慕之所及，亦各安其天性，不悲所以異。

由於「足於其性」是偏於本能，限於物性，是「不得不然」的，雖則不是人力所可企及，但也把人性的發揚加以封閉。就這點來看，絕不是莊子逍遙的本意。因為小鳩如果不羨天池，而滿足於牠在樹枝間跳躍，這在物性來說，也未嘗不是一種逍遙。正同矮小者安於矮小，貌醜者不以貌醜為惡，由於矮與醜是形體所限，不是人力所可企及，能安其所當安，這也是無可厚非的；但這並不是莊子逍遙的真意。至於愚笨者如果安於愚笨，智淺者如果不以智淺為陋，由於智與愚不是形體所限，是人力可以改造的，卻安其所不當安，這是一種頹廢思想，絕不是逍遙的境界。再者，荒淫者之沉於聲色，貪財者之樂於斂財，在他們的眼中，不希聖、不羨壽[6]，也是一種逍遙。但這種態度正是莊子所痛斥的，和逍遙的境界完全背道而馳。

由以上所述，可知向、郭注〈逍遙遊〉的錯誤，在於沒有分清物性和人性。以自限的物性，封閉了向上的人性。

二、這一錯誤的形成

向、郭注〈逍遙遊〉的錯誤，很多人只注意到他注錯了「之二蟲」，如蔣錫昌在「之二蟲又何知」條下說：

> 俞樾曰：「二蟲即承上文蜩鳩之笑而言，謂蜩鳩至小。不足以知鵬之大也。郭注

---

6 例如《列子・楊朱》：「生民之不得休息，為四事故，一為壽，二為名，三為位，四為貨，有此四者，畏鬼畏人、畏威畏刑，此謂之遁人也。可殺可活，制命在外，不逆命，何羨壽；不矜貴，何羨名；不要勢，何羨位；不貪富，何羨貨，此之謂順民。」單就這些話看來，不是沒有道理。但他們只是拿這些話作門面，實際上卻是實行他們那種「為欲盡一生之歡，窮當年之樂，唯患腹溢而不得恣口之飲，力憊而不得肆情於色，不遑憂名聲之醜，性命之危也」的縱慾思想。

云：二蟲謂鵬蜩也，失之。」錫昌案：俞說是。《經傳釋詞》：「之，是也。」蓋物各有性，性各有適。苟適其性，逍遙斯同；固無所論乎大小也。故身重翼大者，萬里方暢，身輕翼小者，榆枋已足。譬之行路，所適彌遠，則聚糧彌多，此乃自然之理，無足異者。使大鵬而僅至榆枋，將感極大之痛苦，使二蟲強飛萬里，即體力能勝，亦所不願，彼二蟲者，實昧此理，故見大鵬高飛九萬里之上而反笑之也。

蔣錫昌一方面贊成俞樾之說，認為之二蟲不是指鵬與蜩，而是指蜩與鳩，但他接著的按語，卻完全是向、郭的看法。這說明了後代的注疏家，只注意到字義的考證，而忽略了字義之後的一套思想背景。向、郭之注錯了「之二蟲」，並不只是字義之誤，而是他們自己的一套思想使之如此。同時，他們之有這套思想，也並非他們個人的特殊見解，而是整個思潮所形成的。現在筆者就從形成這一錯誤的整個思潮說起。

莊子思想成於戰國中期以後。今天我們就《莊子》來說，便可以看出在戰國時期，莊子思想的發展已有兩種不同的層次。一般都公認《莊子．內篇》，非常純粹，是出於莊子的手筆，〈外篇〉和〈雜篇〉較為複雜，可能是莊子的後學者所寫。其中境界高的，如〈秋水〉、〈天下〉等篇，可說尚能得莊子的真精神，而思想粗俗的，如〈駢拇〉、〈馬蹄〉等篇，雖說是莊子後學所寫，但和莊了的思想不僅毫無所會，甚至於由誤解、曲解，而至於變成了莊子的罪人。筆者所謂兩個層次，一是指莊子思想的本色，包括了《莊子．內篇》，和〈外〉、〈雜篇〉中境界較高的幾篇，其次是指完全和莊子思想相背的幾篇。正如王夫之在〈外篇注〉中曾說：

〈外篇〉非莊子之書，蓋為莊子之學者，欲引伸之而見之弗逮，求肖而不能也。以〈內篇〉觀之，則灼然辨矣。……〈內篇〉雖極意形容，而自說自掃，無所黏滯。〈外篇〉則固執粗說，能死而不能活。……而淺薄虛囂之說雜出，而厭觀蓋非出一人之手，乃學莊者雜輯以成書，其間若〈駢拇〉、〈馬蹄〉、〈胠篋〉、〈天道〉、〈繕性〉、〈至樂〉諸篇，尤為悁劣。

可見在戰國時代，已有莊子思想的誤解產生。如〈駢拇〉上說：

是故鳧脛雖短，續之則憂；鶴脛雖長，斷之則悲，故性長非所斷，性短非所續。伯夷死名於首陽之下，盜跖死利於東陵之上，二人者，所死不同，其於殘生傷性，均也。奚必伯夷之是，而盜跖之非乎。

這種把性局限於形體，和後來向、郭的思想路線是一致的。所以莊子的思想在戰國後期，已有了誤解。而這種誤解的作品，和〈內篇〉混在一起，就變成了今天的《莊子》一書。

《莊子》一書自戰國之後，經過了秦漢，好像一位含羞的閨女，沒有拋頭露面。即使玄風極盛的魏正始年間，何晏、王弼所推崇的都是老子，並沒有重視莊子。直到竹林七賢等人出來後，莊子才取代了老子的地位。[7]

7 在何晏、王弼時，猶著重於《老子》，因此他們都替《老子》作注。到了竹林七賢時，除了向秀替《莊子》作注外，如阮籍寫〈大人先生傳〉、〈達莊論〉；嵇康寫〈養生論〉、〈聲無哀樂由於竹林七賢等人外受政治險惡的影響，不敢侈言有為；內因個人浪漫才情的所發，醉心於曠達，因此便希望把莊子那套逍遙的境界運用於人生。可是他們本身的思想並不高妙，而對莊子境界的體悟也不深切。他們嚮慕於逍遙，卻不能透過莊子的〈齊物論〉、〈德充符〉等中心思想去達到內心的真正逍遙，而是由於〈外篇〉等消極思想的影響，投合了他們頹廢的人生觀，使他們故意把自己的心性封閉了起來，而只在外貌上去表現形體的逍遙。

譬如阮籍有一次和人在下棋，家中傳報母死，他卻強作鎮靜，繼續下完棋，回家後，拚命喝酒，然後大哭吐血。就這種事情來看，他起先強作鎮靜，是想學莊子妻死的那種達觀。但他的作法，前後的次序剛好和莊子相反，莊子在妻子剛死時，也非常悲痛，大哭流涕，後來慢慢的想通了，認識到生命不過一氣之變化，才歸於平靜。阮籍卻是先強作鎮靜，沒有透過任何認識與理解，可見是勉強的。後來又痛哭流涕，這更說明了他並

論〉，都是專就莊子思想發揮的。

沒有真正達到逍遙之境。

以上只是一個例子罷了！我們試看魏晉時期的玄學家們，他們那種放任狂誕，甘於低陋；傷風敗俗，破壞禮教的行為，在莊子的眼光中，連那隻可憐的小鳩都不如。但他們非但不自知，反而以為是莊子的忠實信徒，用莊子的思想來粉飾他們的行為。於是在他們的筆下，便很自然的提高了小鳩的地位。所以向、郭注〈逍遙遊〉的錯誤，乃是在整個魏晉思想的溫床中所培養成的。縱使向、郭的注自成一種體系，我們可以把它抽出來單獨的研究，但就莊子思想的精神來說，卻是一種誤解。

三、此一誤解對後世的影響

莊子思想的發展，自魏晉而後，似乎沒有產生很大的作用。這是因為從南北朝、隋唐，一直到宋明，不是佛學獨霸的天下，便是儒家復興的時代。莊子思想好像一位棄婦似的為人所淡忘了。

然而如果我們仔細去尋求莊子思想在魏晉以後的發展，卻仍然有脈絡可尋。對於這點我們可以分作兩部份來說。

就莊子思想精神對後世的影響來說，在魏晉時期如支道林、僧肇等[8]，可以說都是莊子的功臣，就拿支道林所留下〈逍遙遊注〉的斷片來看，和向、郭注的境界完全不同[9]。所以由魏晉許多佛家的推崇，使莊子思想的真精神注入了中國佛學，尤其是禪宗的血脈裡。但由於魏晉以後是佛學的天下，因此大家只知有禪宗，而忽略了禪宗血脈裡的莊子思想[10]。

---

8 僧肇曾著有四篇論文，合稱《肇論》。這四篇論文是〈物不遷論〉、〈不真空論〉、〈般若無知論〉、〈涅槃無名論〉。筆者在拙著《禪與老莊》一書中，曾申論僧肇思想和莊子的關係。

9 《世說新語．文學》篇之注中曾引支道林之〈逍遙論〉：「夫逍遙者，明至人之心也。莊子建言大道，而寄指鵬鴳，鵬以營生之路曠，故失適於體外，鴳以在近而笑遠，有矜伐於心內。至人乘天正而高興，遊無窮於放浪，物物而不物於物，則遙然不我得，玄感不為，不疾而速，則逍然靡不適，此所以為逍遙也。若夫有欲當其所足，足於所足，快然有似天真，猶飢者一飽，渴者一盈，豈忘蒸於糗糧，絕觴爵於醪醴哉，苟非至足，豈所以逍遙乎！」支氏這段話之所以和向、郭注之不同，乃是他一開始就扣緊了「至人之心」，最後又申言「苟非至足，豈所以逍遙乎」，而批評那種只滿足於片面的欲求，便以為逍遙自得的錯誤思想。

關於莊子思想誤解對後世的影響，雖然不像魏晉時期那樣的顯著，那樣的尖銳，但卻非常的普遍。我們就拿近代學人對莊子的了解來說，譬如馮友蘭曾順著向、郭的注來論莊子思想：

凡物皆由道，而各得其德，凡物各有其自然之性，苟順其自然之性，則幸福當下即是，不須外求。《莊子．逍遙遊》篇，故設為極大極小之物，鯤鵬極大，蜩鳩極小，鵬之徙於南冥也，水擊三千里，搏扶搖而上者九萬里，去以六月息者也，蜩與學鳩笑之曰：「我決起而飛，槍榆枋，時則不至而控於地而已矣，奚以九萬里而南為？」此所謂「故極小大之致，以明性分之適……苟足於其性，則雖大鵬無以自貴於小鳥，小鳥無羨於天池，而榮願有餘矣，故小大雖殊，逍遙一也。」物如此，人亦然。〈逍遙遊〉云：「故夫知效一官，行比一鄉，德合一君，而徵一國

10 筆者在拙著《禪與老莊》一書中有〈禪與莊子思想的比較〉一章，詳論兩者之間的關係。

者，其自視也，亦若此矣。」笛卡兒曰：「在人間一切物中，聰明之分配，最為平均，因即對於各物最難滿足之人，皆自以其自己之聰明為甚豐而不求再多。」蓋各人對於其自己所得於天者，皆極感滿足也。（馮著《中國哲學史》第一篇第十章）

馮友蘭在上面一段之後，又引證〈馬蹄〉等〈外篇〉和〈雜篇〉的思想加以證明，接著在「自由與平等」一節中又說：

由以上觀之，可知莊學中之社會政治哲學，主張絕對的自由，蓋惟人皆有絕對的自由，乃可順其自然之性而得幸福也。主張絕對的自由者，必主張絕對的平等，蓋若承認人與人、物與物間，有若何彼善於此，或此善於彼者，則善者應改造不善者使歸於善，而即亦不能主張凡物皆應有絕對的自由，故亦以為凡天下之物，皆無不好，凡天下之意見，皆無不對，此莊學與佛學根本不同之處。蓋佛學以為

天下之物皆不好，凡天下之意見皆不對也。（馮著《中國哲學史》第一篇第十章）

馮氏這一大段話，可以說是受向、郭〈逍遙遊注〉錯誤所影響的代表作。關於他引用向、郭的注錯解了莊子的逍遙境界，前面我們已加分析，此處不再贅述。至於他另外引證了笛卡兒的一段話，可說把向、郭的注更推進了一步，更推向錯誤之途。因為每個人「皆自以其自己之聰明為甚豐而不求再多」。這正是《莊子．逍遙遊》中所描寫蜩鳩的不識大鵬之大，而自我陶醉的想法。這是愚者的永愚、小者的恆小的原因所在。再者馮氏由絕對自由、絕對平等推出的「凡天下之物，皆無不好，凡天下之意見，皆無不對」的結論。當然就萬物來說，我們在前面也曾論到物性之自然，沒有價值因素，馮氏稱它們皆無不好，也無可厚非。但「天下之意見，皆無不對」，因為意見就是小知、小見，是莊子眼中的儒墨之是非，各是其所非，而非其所是。《莊子．齊物論》就是針對這些意見的批評。如果把〈齊物論〉當作視天下的意見皆無不對，這不但完全違反了莊子的真精神，而且這種思想之淺薄，也為各家所同斥。試想，如果天下的意見都無不對的話，哪裡還有莊子所謂真知。沒有真知，又哪裡有真人（《莊子．大宗師》：「且有真人而後有真知」）。由此可見馮氏受了向、郭〈逍遙遊注〉錯解的影響，以致使他對莊子思想精神的了解全盤皆錯。

以上只是一個例子罷了，當然近代學人對莊子誤解的不在少數，如熊十力在《讀經示要》上說：

> 胡適之以莊周為出世主義，其實，莊生頗有厭世意味，尚非出世也。莊氏最無氣力，吾國歷來名士，亦頗中其毒，魏晉人之流風，迄今未絕也。（《讀經示要》卷二，九八頁）

魏晉名士所中的毒，不是莊子的毒，而是誤解了莊子思想的毒。而熊氏認為莊子最無氣力，也只見到莊子被誤解的一面。如他在《讀經示要》上說：

然語化雖妙，而不悟真體流行，其德本健，又復耽於觀化，遂以委心順化為懸解。〈大宗師〉云：浸假而化予之左臂以為雞，予因以求時夜；浸假而化予之右臂以為彈，予因以求鴞炙；浸假而化予之尻以為輪，以神為馬，予因以乘之，豈更駕哉！此等人生觀，便苶然無自在力（熊氏自注：此中自在，略有二義，一自主義，二自創義）。（《讀經示要》卷二，七七頁）

又說：

若莊子之言天，則視天化為無上之威力，吾人之生，只是天化中偶然之化耳。故曰陰陽於人，不翅於父母。則尅就人言，只是天之化迹，且甚偶然，不得曰人即天也。吾謂其以變化之大力為外在者，此也。故〈大宗師〉曰：以生為附贅縣疣，以死為決疣潰癰。據此，則人生毫無根柢，亦無甚意義與價值可言。唯委心任運，以度其附贅縣疣之生，而待諸潰決已耳。莊子雖自云與天地精神往來，而其言化，畢竟自相矛盾，彼根本不悟人即天，而又欲以人同天，則其所謂同天者，亦只是委心順化而已。人能不修，人極不立，是何足為道哉！聖人成能，以範圍天地之化而不過，三千大千世界可毀，而此理不易也，莊子才過高，而於道，不可謂無實得，但其差毫厘，謬千里處，則有不可無辨者。（《讀經示要》卷二，七九頁）

熊氏上面兩段話正是指出他認為莊子之所以最無力氣處。熊氏的觀點是站在儒家的立場，當然莊子思想和儒家相比，稍嫌柔軟。然而莊子並非如熊氏所謂「苶然無自在力」，更不是所謂「唯委心任運，以度其附贅縣疣之生，而待諸潰決已耳」。如果是這樣的話，縱使不流於悲觀，也將流於宿命論，又如何能絕對的逍遙。其實莊子所謂蟲肝鼠臂、附贅縣疣之談，只是指形體而言。而莊子之逍遙並非自限於形體，以度其附贅縣疣之生，相反的，乃是要超脫形體，「物物而不物於物」。在這裡，卻需要極大的自在力，而且這種自在力，正是在於自主，在於自創。莊子的精神就在於此，莊子的逍遙而遊，也在於此。

第三章 從〈逍遙遊〉一文看莊子逍遙的境界與工夫

〈逍遙遊〉一文，就體裁來說可以分為三部份。

第一部份，從「北冥有魚」開始，到「此小大之辯也」為止，都是借鯤鵬和蜩鳩的相形，來說明小大的分別。

第二部份，從「故夫知效一官」起，到「故曰至人無己，神人無功，聖人無名」為止，是本篇的正文、中心和結論。

第三部份，從「堯讓天下於許由」起，到最後「無所可用，安所困苦哉！」這是借前人的故事，或今人的辯答，把第二部份的中心思想，再加以推衍和證明。

在分析本文之前，我們先就「寓言」、「重言」、「卮言」來看莊子立言的本意。在〈寓言〉中曾特別介紹這三種「言」說：

寓言十九，重言十七，卮言日出，和以天倪。寓言十九，藉外論之。親父不為其子媒，親父譽之，不若非其父者也；非吾罪也，人之罪也。與己同則應，不與己同則反；同於己為是之，異於己為非之。重言十七，所以已言也，是為耆艾。年先矣，而無經緯本末以期年耆者，是非先也。人而無以先人，無人道也，人而無人道，是之謂陳人。卮言日出，和以天倪，因以曼衍，所以窮年。……物固有所然，物固有所可，無物不然，無物不可。非卮言日出，和以天倪，孰得其久。

所謂寓言，就是不直接說明理由，而是借外物來曲予表達。在《莊子》書中，寓言佔了十分之九，可見其地位的重要。不過我們要認清《莊子》書中所用的寓言，多半是用鯤鵬蜩鳩、鴟鴉狸狌、河伯海神、山靈水怪作例子，這些寓言雖然都有莊子的寓意，但言與意之間仍然有一大段距離。尤其寓言的主角都是物，所表現的是物性；而寓意的對象是人，所表現的是人性。因此我們究竟應該如何從《莊子》的寓言中，去把握《莊子》的寓意，這是讀《莊子》最重要的一點。

所謂重言，是指借重前人的言論和故事，來證明莊子所要表達的思想。在《莊子》書中，重言佔了十分之七，和寓言的地位相差無幾。由十分之九和十分之七的比例看來，寓言和重言有大部份是重疊的。譬如《莊子》書中引證《老子》及其他許多道家的話是重言，但像「支離疏」、「叔山無趾」等故事，可以當作重言，也可以當作寓言。因此對於《莊子》的重言，我們也必須體會他的本意，卻不可黏著在他假借的名言、故事上。

至於卮言，可以說是《莊子》整個立言的特色。凡是寓言和重言，也都是一種卮言。莊子自謂「卮言日出，和以天倪」。這是指《莊子》所有的話都是變化不居，層出無窮。但卻不是遊談無根，而是本於自然，法於天道的。這一點對於我們了解莊子思想極為重要。因為不僅《莊子》的寓言、重言之後有他的言外之意，就是他那些表面上看去似結論的話裡，也另有其根本[1]。我們必須發掘到這個根本，才不會產生誤解。

看過了《莊子》的寓言、重言、卮言之後，現在我們接著去看〈逍遙遊〉本文。

1　如〈逍遙遊〉一文的三句最重要的結語：「至人無己，神人無功，聖人無名。」表面上看去是在強調無己、無功、無名，其實是另有所造。這一點本文後面將有詳論。

首先我們分析第一部份大鵬與小鳩的故事。

前一章，我們已指出向、郭注的錯誤，在把小鳩和大鵬相提，而忽略了莊子運用這則寓言，是借小鳩的無知，以寫出俗人淺陋，不識大智的境界，正如《老子》所謂：

上士聞道，勤而行之，中士聞道，若存若亡，下士聞道，大笑之，不笑不足以為道。（第四十一章）

那麼，這大鵬究竟是代表什麼樣的境界呢？在這裡卻有兩種看法，一種是認為大鵬即莊子的自喻，甚至就是真人的境界，如憨山的〈逍遙遊注〉說：

海中之鯤，以喻大道體中，養成大聖之胚胎，喻如大鯤，非北海之大不能養也。鯤化鵬，正喻大而化之之謂聖也。

又說：

唯大而化之之聖人，忘我忘功忘名，超脫生死而遊大道之鄉，故得廣大逍遙自在、快樂無窮，此豈世之拘拘小知可能知哉，正若蜩鳩斥鴳之笑鯤鵬也。主意只是說聖人境界不同，非小知能知，故撰出鯤鵬變化之事，驚駭世人之耳目，其實皆寓言以驚俗耳。

另一種是認為大鵬之高飛，還須待風，這與列子御風一樣是有待的，因此大鵬不是莊子的自喻，更談不上是真人的境界了，如張默生在《莊子新釋》中說：

我們從這幾句話中，就可看出莊子實在是泯除大小，對於世界萬物一律視為平等的，但是有些講《莊子》的人，竟將大鵬認為是莊子的自喻，那真是錯看莊子了，你若看到本篇歸結的正意時，莊子是一無所待，而遊於無窮，而與道同體的，到那時，你若看到以有所待的大鵬自喻的話，那更是小看莊子了。

前面兩種看法，可說都是持之有故，言之成理。現在我們先從後一種看法說起，張默生所持最大的理由是大鵬的高飛，必須等待「海運」，必須「摶扶搖」，必須「去以六月息」，而後才能「培風」、才能「圖南」，這分明是說有待。可是在〈逍遙遊〉的第二部份，又明白的指出「夫列子御風而行，泠然善也，旬有五日而後反。彼於致福者，未數數然也。此雖免乎行，猶有所待者也」。顯然這是有所待，並不是莊子所推崇的逍遙境界，因此以大鵬比之於列子，可見大鵬並非莊子的自喻，也非真人的逍遙境界。

然而問題並非如此簡單，在莊子筆下所描寫的大鵬，雖然在海運、徙於南冥，但這海運並非是小風，卻是莊子所謂的六氣之辯[2]。至於大鵬高飛時的水擊三千里，摶扶搖而上者九萬里，乃是直描大鵬的聲勢之大，這正和蜩鳩的決起而飛，「槍榆枋」形成強烈的

2 六氣之辯，是指六氣之變。六氣依照司馬彪的注解是「陰陽風雨晦明」，而海運是陰陽之變化，所以不是小風，而是六氣之變。

對比，從小大之辯，以明蜩鳩的無知。從這一點來看，莊子之寫大鵬乘風，與列子御風，其態度顯然不同。再說大鵬所徙的南冥，是天池，是逍遙之境，大鵬到達南冥後，便可遊於無窮。至於列子御風卻不然，雖然泠然善也，但卻是暫時的，只過了「旬有五日」便返。這與大鵬的境界相比之下，豈不正和只能在蓬蒿間跳躍的蜩鳩一樣嗎？

那麼又何以見得列子的御風只能比之於蜩鳩呢？對於這一點，我們必須進一步分析〈逍遙遊〉一文的第二部份。

這部份一開始就承接前文的「小大之辯」，提出在人世間所謂的小，是「知效一官，行比一鄉，德合一君，而徵一國者」。「知效一官」是指那些知識只能做一件事務的人，「行比一鄉」是指那些行為只符合一鄉要求的人，「德合一君，而徵一國者」是指那些才德只為一君一國所讚譽的人。當然這在一般世俗或政治的眼光看來，已是很了不起啦。然而必須注意「一官」、「一鄉」、「一君」、「一國」的這個一字。這個一就是一偏，而不是大全。善於這一方面的專家，不一定能勝任另一方面。今天社會上充滿了這些專家，他們也都只是局限於某一方面而已，實在沒有值得自豪的地方。同樣，他的行為道德，為這一鄉，這一君，這一國所稱道的人，並不見得就為他鄉、他君、他國所推崇。例如孟子所批評的鄉愿便能「行比一鄉」，及許多只替「國君辟土地」的法家便能「德合一君，而徵一國」，這些人物都是莊子筆下的蜩鳩之類。

接著，莊子提出另一種人，他們和前一種人的作法不大相同，前一種人只重視外在，而這種人卻轉向內在，莊子以宋榮子為代表。他的境界是「舉世而譽之而不加勸，舉世而非之而不加沮，定乎內外之分，辯乎榮辱之竟」。關於宋榮子的生平思想，除了〈逍遙遊〉之外，在《莊子》其他各篇中都沒有提到，只有在〈天下〉中的宋鈃，據劉師培等人的考證[3]，即是宋榮子，而宋鈃的思想，和宋榮子的思想顯然是一致的，〈天下〉的描寫是：

3 蔣錫昌《莊子哲學》一書中說：「劉師培云：『榮子即鈃……《月令》「腐草為螢」，《呂紀》作蚈，是其比。』馬敘倫云：『宋鈃又即《孟子》之宋牼。榮、鈃、牼，聲同耕類。』錫昌按：在《荀子》《漢書》又稱為宋榮。是宋榮子、宋鈃、宋牼、宋子、宋榮均一人也。」

不累於俗，不飾於物，不苟於人，不忮於眾。願天下之安寧以活民命，人我之養畢足而止，以此白心，古之道術有在於是者，宋鈃、尹文聞其風而說之，作為華山之冠以自表，接萬物以別宥為始，語心之容，命之曰心之行，以聏合驩，以調海內，請欲置之以為主。見侮不辱，救民之鬥，禁攻寢兵，救世之戰，以此周行天下，上說下教，雖天下不取，強聒而不舍者也。故曰：「上下見厭，而強見也。」雖然其為人太多，其自為太少。曰：「請欲固置五升之飯足矣！」先生恐不得飽，弟子雖飢，不忘天下，日夜不休，曰：「我必得活哉，圖傲乎救世之士哉！」曰：「君子不為苛察，不以身假物，以為無益於天下者，明之不如已也。以禁攻寢兵為外，以情欲寡淺為內，其小大精粗，其行適至是而止。」

從這段話看起來，所謂「不累於俗，不飾於物，不苟於人，不忮於眾」的境界，正和宋榮子的「舉世而譽之而不加勸，舉世而非之而不加沮」的態度相似，「見侮不辱，救民之鬥」、「以禁攻寢兵為外，以情欲寡淺為內」，正是宋榮子的「定乎內外之分，辯乎榮辱之竟」。由此可見〈逍遙遊〉中的宋榮子即使不是宋鈃的話，至少也是宋鈃、尹文一派人物的思想路線。這派思想的精神，就是從自己的心上做工夫，一方面使自己的心不受外物的干擾，達到不動心的境界。一方面是用平等、容忍、寡情的方法，消弭爭端。這兩種態度頗似道家的作風，為什麼莊子卻批評他們「其小大精粗，其行適至是而止」呢？

如果我們仔細分析前面兩種態度，前者只是貌近道家，後者卻是偏於墨家。我們先看第一種態度，這種不動心的方法，正是《孟子》書中所批評告子的不動心：

曰：敢問夫子之不動心，與告子之不動心，可得聞與？告子曰：不得於言，勿求於心，不得於心，勿求於氣。不得於心，勿求於氣，可；不得於言，勿求於心，不可。夫志，氣之帥也，氣，體之充也。夫志至焉，氣次焉。故曰：持其志，無暴其氣。……其為氣也，配義與道，無是，餒也。是集義所生者，非義襲而取之也。行有不慊於心，則餒矣，我故曰告子未嘗知義，以其外之也。（〈公孫丑上〉）

由上面一段話看來，告子的不動心，只做到內外隔絕，使外在的一切無法影響內心，而使心不動。這種不動心，在孟子的眼中，只是純粹在氣上做工夫，而未能深造於道，由道來使氣，這就同神秀一派的方法是「住心觀淨」、「長坐不臥」，而被主張先求心悟的慧能一派批評為「是病非禪」[4]。所以告子的不動心仍然是勉強的。莊子描寫宋榮子的「舉世而譽之而不加勸，舉世而非之而不加沮」，就正是這種不動心的境界。再看第二種態度，〈天下〉中宋鈃的「見侮不辱，救民之鬥……其為人太多，其自為太少」，顯然類似墨家的作風。〈逍遙遊〉中宋榮子的「辯乎榮辱之竟」，雖然在該文中沒有進一步解釋，但宋榮子如果是屬於宋鈃一流的話，那麼所謂「辯乎榮辱之竟」，是指的「見侮不辱」，而「見侮不辱」一方面是制心不動，一方而是為了救民之鬥。總之這都是勉強而為。所以站在莊子的立場，便要批評他們「猶有未樹」，「適至是而止」。

4 《六祖壇經・頓漸品》：「師（慧能）曰：『汝師（神秀）若為示眾？』（志誠）對曰：『常指誨大眾，住心觀淨，長坐不臥。』師曰：『住心觀淨，是病非禪。長坐拘身，於理何益。聽吾偈曰：生來坐不臥，死去臥不坐，元是臭骨頭，何為立功課。』」

莊子的這種批評，並非是指他們完全錯誤，而是認為他們用意未嘗不善，只是沒有把握住重點，因此未能臻於化境。至於這個重點是什麼，我們暫且留待以後分析。現在再看看莊子在批評了宋榮子之後，是否提出較高的境界。他接著說：

夫列子御風而行，泠然善也，旬有五日而後反。彼於致福者，未數數然也。此雖免乎行，猶有所待者也。

這段話對於列子的描寫非常模糊，因為單從「御風而行」中我們看不出列子的思想究竟如何？但如果我們把《莊子》書中對於描寫列子的話作一歸納，卻可以有一個概略的認識：在《莊子》書中提到列子或列禦寇的，除〈逍遙遊〉一文外，尚有六處。如：

列子見之而心醉，歸以告壺子……然後列子自以為未始學而歸，三年不出，為其妻爨，食豕如食人，於事無與親，雕琢復朴，塊然獨以其形立，紛而封戎，一以

是終。（〈應帝王〉）

列子行食於道，從見百歲髑髏，攓蓬而指之曰：「唯予與女，知而未嘗死，未嘗生也，若果養乎，予果歡乎？」（〈至樂〉）

子列子問關尹曰：「至人潛行不窒，蹈火不熱，行乎萬物之上而不慄，請問何以至於此？」關尹曰：「是純氣之守也，非知巧果敢之列，居，予語女……」（〈達生〉）

列禦寇為伯昏無人射，引之盈貫，措杯水其肘上，發之，適矢復沓，方矢復寓，當是時，猶象人也。伯昏無人曰：「是射之射，非不射之射也。嘗與汝登高山，履危石，臨百仞之淵，若能射乎？」於是無人遂登高山，履危石，臨百仞之淵，背逡巡，足二分垂在外，揖禦寇而進之。禦寇伏地，汗流至踵。伯昏無人曰：「夫至人者，上闚青天，下潛黃泉，揮斥八極，神氣不變，今女怵然有恂目之志，爾於中也殆矣夫。」（〈田子方〉）

子列子窮，容貌有飢色，客有言之於鄭子陽者曰：「列禦寇，蓋有道之士也，居

君之國而窮，君無乃為不好士乎！」鄭子陽即令官遺之粟，子列子見使者，再拜而辭……。〈讓王〉

列禦寇之齊，中道而反，遇伯昏瞀人。伯昏瞀人曰：「奚方而反？」曰：「吾驚焉。」曰：「惡乎驚？」曰：「吾嘗食於十饗，而五饗先饋。」伯昏瞀人曰：「若是，則汝何為驚已？」曰：「夫內誠不解，形諜成光，以外鎮人心，使人輕乎貴老，而整其所患。夫饗人特為食羹之貨，多餘之贏，其為利也薄，其為權也輕，而猶若是，而況於萬乘之主乎？身勞於國，而知盡於事。彼將任我以事，而效我以功。吾是以驚。」伯昏瞀人曰：「善哉！觀乎！汝處已人將保汝矣！」無幾何而往，則戶外之屨滿矣。伯昏瞀人北面而立，敦杖蹙之乎頤，立有間，不言而出，賓者以告列子。列子提屨跣而走，暨乎門，曰：「先生既來，曾不發藥乎！」曰：「已矣！吾固告汝曰：人將保汝，果保汝矣。非汝能使人保汝，而汝不能使人無保汝也。而焉用之，感豫出異也。必且有感，搖而本才，又無謂也。與汝游者，又莫汝告也。彼所小言，盡人毒也。莫覺莫悟，何相孰也，巧者勞而智者憂，無

能者無所求。飽食而遨遊，汎若不繫之舟，虛而遨遊者也。」（〈列禦寇〉）

從以上六段徵引中，可以看出在莊子筆下的列子，是一個求道之士，他雖然不像一般人只求「知效一官，行比一鄉，德合一君，而徵一國」，也不像宋榮子那樣的見侮不辱、以救民之鬥。他所醉心的似乎是鄭巫季咸、壺子、伯昏瞀人等有相人之術的方士之流。而他自己的境界猶不及壺子、伯昏瞀人，常被他們批評為「怵然有恂目之志，爾於中也殆矣夫！」「必且有感，搖而本才」。也就是指他內心沒有切實的工夫，不夠深沉，易形於外。正是他自認的：「內誠不解，形諜成光」，也就是內心的真純未達化境，使威儀外泄。所以他自從見了壺子後，便苦鍊三年，但其境界仍然只是「食豕如食人，於事無與親，雕琢復朴，塊然獨以其形立，紛而封戎，一以是終」。

從這裡，我們可以看出列子在《莊子》書中所扮演的角色，只是一個求道者而已，並且他所求的道，偏於方術，離真人的逍遙境界，實在還差了一大段距離。所謂「列子御風而行，泠然善也」，顯然和大鵬的「摶扶搖而上」、「去以六月息」不同，因為大鵬是物，大鵬乘風，這是牠的自然現象，而列子是人，他所憑藉的是人性，如果他要乘風，即使「泠然善也」，但這畢竟是方術，不是久長之道，所以只能「旬有五日」而返。莊子說他「雖免乎行，猶有所待者也」，即在於此。

就「有待」的尺度來衡量，無論是列子、宋榮子、或只求合一官、一鄉、一君的一般人，都是一種「小」，都不能逍遙而遊。那麼只有無待才能逍遙？但究竟怎樣才是無待呢？莊子說：

> 若夫乘天地之正，而御六氣之辯，以遊無窮者，彼且惡乎待哉？故曰：「至人無己，神人無功，聖人無名。」

這一段話可以說是《莊子．逍遙遊》一文的中心旨趣所在。在表面上看，莊子好像認為人之能否逍遙，決定於他是有待與無待。然而問題並不如此簡單，由於莊子的理論都是些卮言——層出不窮的話，因此我們不應執著字面的解釋，而應深一層的去體會。就拿有待和無待來說。固然無待勝有待，真正的逍遙必須是無待的。但什麼又是無待呢？無待是就境界來說，很難加以界定。假如這個「待」是指的憑藉、依靠的話，雖然像「知效一官」、「行比一鄉」、「德合一君，而徵一國者」，是憑藉、依靠於外，宋榮子的「定乎內外之分，辯乎榮辱之竟」，是憑藉、依靠於內，列子的「御風而行」，是憑藉、依靠於方術。但無待的逍遙者，其「乘天地之正，而御六氣之辯」，是否也有一種憑藉和依靠呢？要解答這個問題，必須從兩方面來探討：

首先我們要了解什麼是「天地之正」、「六氣之辯」，按照向、郭的注：

> 乘天地之正者，即是順萬物之性也；御六氣之辯者，即是遊變化之塗也。如斯以往，則何往而有窮哉！所遇斯乘，又將惡何待哉！

向、郭的注尚稱簡明扼要，但這只是就境界來說。因為境界是不落實際的，無論如何描寫，皆不可，也皆無不可。如果我們再進一步去問，要如何才能乘天地之正，御六氣之辯？在這裡我們必須暫時丟開境界不談，從另一方面來看看達到逍遊的工夫。

在《莊子．逍遙遊》一文中，談工夫處，似乎只點到一個「無」字，所謂「至人無己，神人無功，聖人無名」。而該文第三部份，所舉的許多例子，如「堯讓天下於許由」、「藐姑射之山，有神人居焉」，以及惠子和莊子談論到有用無用的話，可說都是借這些故事，以說明「至人無己，神人無功，聖人無名」。所以宣穎在〈逍遙遊〉一文的前面便直截的注說：

> 不知逍遙遊三字，一念不留，無入而不自得，是第一境界也。一塵不染，無時而不自全，是第一工夫也。……故〈逍遙遊〉凡一篇文字，只是至人無己一句言語。至人無己一句，是有道人第一境界也，語惠子曰：何不樹之無何有之鄉，廣莫之野，彷徨乎無為其側，逍遙乎寢臥其下，是學道人第一工夫。

宣氏能以「至人無己」一語，點出〈逍遙遊〉的第一境界，可說是畫龍點睛之筆，但他用最後一段話的無為、無事、無用來說明第一工夫，卻大有問題。

筆者之所以認為宣氏說工夫處有問題，是有感於歷代很多學者未能分清境界和工夫的不同，往往以境界為工夫，使他們所描寫的工夫，和境界一樣不落實際，毫無著力處。所謂「樹之於無何有之鄉，廣莫之野，彷徨乎無為其側，逍遙乎寢臥其下」，這是達到境界後的現象，而不是通向這境界的工夫。因為要講工夫，便必須有一套切切實實的方法。譬如《中庸》裡面談到誠字：

> 誠者，天之道；誠之者，人之道。誠者，不勉而中，不思而得，從容中道，聖人也。誠之者，擇善而固執之者也。博學之、審問之、慎思之、明辨之、篤行之。
>
> （第二十章）

所謂「誠者，天之道」，是就境界而言，「不勉而中，不思而得，從容中道」是描寫境界的。不是說不勉、不思就能誠，就是聖人，而是說達到聖人，便能不勉而中，不思而得。

所謂「誠之者，人之道」，是就工夫而言，雖然境界的「誠者」，工夫的「誠之者」，都有一個誠字，但在工夫上，便必須講「擇善固執」，便必須講「博學之、審問之、慎思之、明辨之、篤行之」的切實方法[5]。同理，莊子的逍遙境界，也自然有一套切實的工夫。

在談到莊子逍遙境界的工夫前，我們還必須說明工夫與境界之間的關係。依筆者的看法，對應於境界的工夫有兩種，一種在尚未達到境界之前，是通向此一境界的工夫；一種在達到境界之後，是具此境界所表現的功力。可是很多人只注重後者，而忽略了前者，實際上，前者才是真正的工夫。沒有前者，就沒有後者。現在我們就拿〈逍遙遊〉一文中被認為是結論的三句話來看：所謂「至人無己，神人無功，聖人無名」的無己、無功、無名，是指達到境界後的表現，最多只能指具有此境界之後的工夫，而絕不是通向這境界的工夫。因為唯有至人才能無己、神人才能無功、聖人才能無名。而只做到無己、無功、無名，卻並不就是至人、神人、聖人。否則社會上那些渾渾噩噩的人，他們

5 筆者拙著《中庸誠的哲學》一書中，曾有一章專門討論誠字的工夫。

迷失了自己，他們不求功，也不求名，豈非都成了至人、神人和聖人了嗎？所以無己、無功、無名，並不是使我們成為至人、神人、聖人的方法。在造就成至人、神人和聖人之前，還須有一段切實的修持工夫。這個工夫，依筆者的看法，卻是有己、有功和有名，唯其有己之後，才有「己」可無；有功之後，才有「功」可無；有名之後，才有「名」可無。否則，本身都無存在的價值，根本不配談無己；本身毫無作用可言，根本不配談無功；本身沒有一點值得人讚譽之處，根本不配談無名。所以要達到「至人無己，神人無功，聖人無名」之前，第一工夫，乃是先要有己、有功、和有名。

寫到這裡，我們可以轉回來再看看莊子在一開端便提出的那隻大鵬了。

在前面我們曾說過，莊子筆下的大鵬只是一種寓言，我們固然不能把大鵬完全比作至人，因為大鵬所代表的是物性，我們不能黏著在物性上，而限制了人性的開展。但寓言都有其寓意，每個寓言中都有莊子的精神。因此大鵬也可看作莊子的自喻（喻其心意），至少，以筆者的看法，大鵬從鯤變化而來，直飛向天池的這一段歷程，正可以代表了成就至人、神人、聖人境界前的一段工夫。現在我們就要以大鵬為例，來談談這段工夫。

「北冥有魚，其名為鯤。鯤之大，不知其幾千里也。化而為鳥，其名為鵬。」這開端的幾句話中，最重要的是一個「化」字。一般都把這個化字解成變化，當然並不錯，但以筆者的看法，這個化字除了變化的意思外，更有昇華的意思，變化是平面的轉換，昇華則是向上的提昇。在物理現象上，只有從魚子變為大魚，無論如何變，都在水中，現在鯤變為鵬，從水生的魚類，跳過了陸生的動物，而成為空中的飛禽，這完全是昇華的作用。昇華的作用在自然界的現象不多，物理學上是指昇汞、碘、樟腦等固體物質，在熔點接近沸點時，直接由固體，不經過液體的階段，而變為氣體。鯤變為鵬雖然在物理現象中沒有這例子，但這只是寓言，寓言中的寓意，就是要打破物質的拘限，揭出人性的開展。

就普通的變化來說，從魚子變為小魚，由小魚變為大魚，是非常平順的；但從鯤化為鵬卻不然。唯有「鯤之大，不知其幾千里也」，才能化為「背不知其幾千里也」的鵬。也就是說鯤化為鵬之前，牠本身必須蘊積豐富。很多注《莊》的人，認為鯤是魚子，如方以智說：「鯤本小魚，莊子用為大魚之名」，羅勉道說：「莊子乃以至小為至大，此便是滑稽之開端。」其實莊子此處並非是在製造滑稽，而是有其甚深的、嚴肅的意義。

把鯤鵬拿來象徵人世，鯤化為鵬的歷程，說明了一個人在成為至人、神人或聖人之前的一段修鍊工夫。這條鯤在北冥中，由小變為大，正同我們在人世間的求學與奮鬥，唯有一點一滴的努力，才有一點一滴的成就。也唯有一點一滴的成就，才使我們慢慢的經驗豐富了、知識淵博了、意志堅強了，而變成一位巨人，從世俗中脫穎而出。至於大鵬的「水擊三千里，摶扶搖而上者九萬里，去以六月息」，正象徵了這位巨人因蘊積豐富所發出來的威勢，他的氣魄、他的見解、他的理想，都不是世俗的小知小慧所能了解。

在這裡，我們所得到的啟示是：這隻大鵬最後能在天池中逍遙，不是一蹴可幾的，而是經過了長時間的默默的耕耘，經過了不少動人的遭遇。同樣，我們要想逍遙而遊，絕不是像那些小鳩一樣，對眼前的一切感覺滿足、自我陶醉，便是逍遙。從這個啟示中，使我們更進一步的了解。逍遙的境界，固然是無待的，但達到逍遙境界的工夫，卻必須從有待做起。只是有待而不拘限於有待，最後能把有待化為無待。譬如說：先要有己，能充實自己，完成自己，然後，再放棄自己的偏見、私執，這便是至人。先要有功，能有利社會、造福人群，然後，再生而不有，為而不恃，這才能配稱神人。先要有名，能立德、立功、立言，作人類的模範，然後再捨棄虛名，不以名累實，這樣才算是聖人。[6]

從以上所述，我們對於莊子逍遙的境界將有以下幾點認識：

1. 我們對莊子的大鵬之喻，固然認為是莊子借大鵬來表達自己的豪情壯志，以反襯世俗之小知小見。但我們更要認清大鵬畢竟是寓言中的一物，不能黏著在物性上，而忽略了人性的向上、向前的無限開展。

6 由於這個原因，所以莊子在「聖人無名」之後，便接著引出「堯讓天下於許由」的一大段故事。在這段故事上，粗看，好像許由是主角，莊子是借許由來諷刺堯。精讀之後，我們會發現，堯才是真正的主角。因為在歷史上堯是公認的聖人，許由是一個隱士，而且喜歡索隱行怪，忸怩作態，所以在莊子的境界上，許由也算不上至人、真人之流。莊子在這段話中，只是拿許由來激發出堯雖然做了君王聖主，但卻虛懷若谷，而要把功位讓給許由，可見堯的表現，正是「聖人無名」的寫照。在《莊子》書中這些故事，是重言，也是寓言。我們讀起來，必須把握住言外之意，否則便易因誤讀而誤解。

2.莊子逍遙的境界，固然在無待，但其工夫，卻不離有待，無待的真意，不是流於虛無，而是把有待加以淨化，加以昇華，以揭開人性的無限開展。如果我們按照《莊子》「至人無己，神人無功，聖人無名」三句話，把它們作一公式如下：

有己而後可以無己、無己而後見真己

有功而後可以無功、無功而後成大功

有名而後可以無名、無名而後得實名

3.《莊子．逍遙遊》一文，都是就境界上來說。後世許多讀《莊》的人，似乎只注意到境界，認為莊子思想如何灑脫、如何不羈，他們誤境界為方法，只求無己、無功、無名，而不知莊子逍遙的境界背後，有切實的修鍊工夫。但這種工夫，在〈逍遙遊〉一文中沒有點破，而是散見於其他各篇中。

第四章 從知以入逍遙之境

在莊子思想中，達到逍遙境界的路線有兩條，一條是走知的路，一條是走德的路。走知的路，是破小知以求真知；走德的路，是捨小德以求至德。這也正是筆者認為莊子逍遙境界的兩大工夫。

知和德，可說是導演了中西哲學史演變的兩個最主要的角色。在西方，自蘇格拉底開始，直到今天的最新的學派；在中國，自孔子開始，直到今天的最新的思潮，幾乎都跳不出它們兩者的範圍，尤其知和德之間的關係，似情人，又像冤家，恩恩愛愛、風風雨雨的鬧了整整二千多年，仍然是一個理不清的問題。

莊子對於知和德，有他特殊的看法；知和德在莊子思想中，也有其特殊的作用。

現在我們就先看看莊子是如何從知之路以達逍遙的境界：

一、莊子所謂的知

在談到莊子對知的看法之前，我們先就中西哲學上的「知」作個概括性的了解。

在西方哲學上的知，都是偏於知識(Knowledge)方面，就拿哲學一詞來說，西方的"Philosophy"原義是指愛知的意思，而這個知卻是偏於外在的知識，因此西方哲學的愛知，實際上是一種思索，一種向外的探討。古代希臘史家黑洛獨托斯(Herodotus)最先運用哲學(Philosophia)一詞時，便是當作動詞用的思索的意思，後來動詞轉為名詞，但思索的特質卻不變，此後在西方哲學上，不用說是知識論，就連形上學，都脫不了這種向外探討的思索的路線。

在中國哲學上的知，卻不然，都是偏於智慧(Wisdom)方面。就拿我們用以翻譯"Philosophy"的哲學兩字來說，我們的「哲」字，雖然《爾雅》訓為「智」，但這個「智」卻不是外在的知識。《尚書．皐陶謨》上說：「知人則哲」，這正說明了中國哲學的特質與西方哲學的不同，西方的哲學，是重在知物，而中國的哲學卻重在知人。知人乃是屬於智慧。這是從經驗中提鍊出來的，是反觀內心，推己及人的。

當然，我們並非武斷的認為西洋哲學全部是研究知識，中國哲學全部是一種智慧。以上的分別，只是就比較上來說。在西洋哲學裡，古代的像蘇格拉底、柏拉圖、亞里斯多德、聖多瑪斯；近代的，像笛卡爾、康德、柏克森等，也都有他們偉大的智慧。在中國哲學裡，不僅墨家、名家非常重視知識，就是儒家也不廢棄知識。不過他們之所以不同，乃是由於前者著重在知識，由知識的昇華，而得到智慧；後者著重在智慧，由智慧去提昇知識，運用智識[1]。

在這裡我們更要進一步說明，西方哲學偏重知識的路，如果能夠走得通，由知識而智慧，未嘗不能俾益人生，但如果只黏著在知解上，以知識為限，則易流於觀念的遊戲。同樣，中國哲學偏重智慧的路，如果不耽於玄虛，而能善用知識，則更能利用厚生。但如果完全屏絕知識，落入頑空，則非但無益，反而有害[2]。因此，從這裡我們可以看出，

1 筆者在拙著《中庸誠的哲學》一書中曾強調《中庸》之誠字可以把知識化為睿智。

2 關於這一點宋明理學家，如朱子、陽明批評得很多，筆者在《中庸誠的哲學》一書中曾說：

無論是知識也好，智慧也好，都必須溝通。雖然在層次上，知識為低，智慧為高；在過程上，知識在先，智慧在後。尤其在境界上，智慧有時要揚棄知識。但智慧並非和知識毫不相關，所謂揚棄，並不是一開頭就拋棄，而是在知識的路上走到某一境界之後才昇華的[3]。

我們之所以要作上面的說明，與莊子對知的看法極有關係，因為莊子是純粹走智的路。他和惠施之間不斷的辯論，就是由於惠施所走的是知識的路，和莊子的思想形成顯明的對照。譬如〈秋水〉說：

莊子與惠子遊於濠梁之上。莊子曰：「儵魚出游從容，是魚樂也。」惠子曰：「子

3 「佛家思想，儘管在形而上方面非常精妙，但一觸及現實生活，總免不了流於空寂和支離。」譬如禪宗是標明揚棄知解的，但並非一開始就否定了知解，而是在知的探索，到了某一境界後，才棄知解而悟入，所以禪宗在證悟之前，也須讀經，以助知之提昇；在證悟之後，還須讀經，以助悟之再造，不流於偏空。

非魚，安知魚之樂？」莊子曰：「子非我，安知我不知魚之樂？」惠子曰：「我非子，固不知子矣！子固非魚也，子不知魚之樂，全矣！」莊子曰：「請循其本。子曰：『女安知魚樂』云者，既已知吾知之而問我，我知之濠上也。」

莊子和惠施之間的不同乃是因惠施只重視別，認為人與物無法溝通，而莊子卻重視同，認為人與物可以相通。如果完全以知識或邏輯的觀點來看，這場辯論是惠施佔上風，如果就智慧或形而上的觀點來看，卻是莊子境界較高。

由此我們可以看出莊子的思想是要追求智慧，而揚棄知識的。[4] 在《莊子》全書中，論知的地方很多，我們把它們概括起來，有以下的關係：

知（智慧）——知（知識）
- 外物的知
- 人事的知

（表二）

4 此處知識是與智慧相對而言，所以是指小知。

按照層次來說，有兩種：上一層是智慧，下一層是知識。上一層就是莊子常說的大知、真知，如：

（一）小知不及大知（〈逍遙遊〉）

（二）大知閑閑（〈齊物論〉）

（三）且有真人而後有真知（〈大宗師〉）

下一層就是他所謂的小知，如：

（一）小知不及大知（〈逍遙遊〉）

（二）小知閒閒（〈齊物論〉）

以上所舉的例子，只是就他標明大知、小知而言。在全書中其他的地方，都是只談一個知字，但我們可以按照上下文的意義，判定它是屬於大知或小知，如：

（一）知通於神（〈天地〉）
（二）知大一（〈徐无鬼〉）
（三）心徹為知（〈外物〉）

像這一類的知，當然是屬於人知或真知。又如：

（一）知也者，爭之器也（〈人間世〉）
（二）知為孽（〈德充符〉）
（三）聖人不謀惡用知（〈德充符〉）

像這一類的知，當然是屬於小知了。

在表二內，知識一欄下，我們分成了兩部份，一部份是對物的知，也就是西方哲學和科學上向外探討的知識，如：

（一）子知物之所同是乎（〈齊物論〉）

（二）知也無涯（〈養生主〉）

（三）知量無窮（〈秋水〉）

關於這方面的知，莊子論到的並不多，而且就另一觀點來說，也都和人事問題有關。第二部份是人事上的知，中國哲學上的知，可說多半偏於這方面，在《莊子》書中的知，百分之九十都是這一類型的知，如：

（一）知謀不用（〈天道〉）

（二）知忘是非（〈達生〉）

（三）明乎禮義而陋於知人心（〈田子方〉）

明瞭莊子所謂知的大概範圍之後，我們再進一步去看看小知和大知有何不同。

二、小知的形成

在〈逍遙遊〉一文中，一開頭便借鵬鳩的譬喻，提出「小知不及大知」的警句。然而何以小知不及大知呢？這是因為小知本身的問題，莊子曾替小知的知寫下定義說：

> 知者，接也；知者，謨也。（〈庚桑楚〉）

現在我就以這兩個定義，看看小知是如何形成的：

（一）知者，接也

所謂「接」，就是與外界相交。在佛學上，是指「觸」「受」的作用。在西方哲學上，正是經驗主義所強調的知識來自經驗。莊子對於一般的知識，也認為是與外界相交而成的。對於這種知識的缺點，我們歸納《莊子》書中所論，可以分為兩部份：

1. 外物無定性

知識既然是與外物相交而成的，那麼能知往往依賴於所知。所知是外界的對象，它的變化莫測，它的發展無窮，因此以能知去探討所知，永遠也無法得到真知，如莊子說：

> 夫知有所待而後當，其所待者特未定也。庸詎知吾所謂天之非人乎？所謂人之非天乎？（〈大宗師〉）

「知有所待而後當」的意思是說我們的知識必須能知和所知完全一致，才是真確的。而「所待者特未定」，也是說能知和所知之間無法完全一致。至於其所以無法一致，原因有二：如果所知是屬於物類的話，由於物量無窮，如〈秋水〉中的描寫：

吾在於天地之間，猶小石小木之在大山也。方存乎見少，又奚以自多。計四海之在天地之間也，不似礨空之在大澤乎？計中國之在海內，不似稊米之在大倉乎？號物之數謂之萬，人處一焉。人卒九州，穀食之所生，舟車之所通，人處一焉，此其比萬物也，不似豪末之在於馬體乎！

人在天地之間，猶稊米之在大倉，又如何能窮盡宇宙萬物之理？就拿今天的科學技術來論，在大的方面說，對整個太空的奧妙，所知恐怕還不到幾萬分之一，而且究竟是否正確，尚須最後有全面的知識才能斷定；在小的方面說，從原子、中子、電子，將來是否可分成再小的粒子，或是另一種沒有質的波動，雖然至今尚未敢論定[5]，但必有更新的見解，則可預言。今天的科學技術對外物的所知已是如此，更何況莊子的時代？

5 光究竟是微粒、或是一種波動，這在物理學上是一個至今尚未解決的問題。雖然兩者的理論完全相反，然而他們都有可靠的實驗，都能解釋事實。最有趣的是今天物理家們也都承認唯有同時斷定光是微粒，又是波動，才能了解光的本質。

第二種原因，是由於萬物的變化莫測；莊子曾說：

物之生也，若驟若馳，無動而不變，無時而不移。（〈秋水〉）

這是寫外物無時不動，無時不變，而我們的知性卻往往要把握其固定的現象，必然是徒勞無功的，正如莊子所說：

樂出虛，蒸成菌，日夜相代乎前而莫知其所萌，已乎！已乎！旦暮得此，其所由以生乎！（〈齊物論〉）

在今天科學技術極發達的時代，對於宇宙變化的規律，仍然無法確定，譬如一九二七年，海森堡發表他的不定原理說：

一粒子能夠保持其位置，或能確定其速度，然若兩者同時具備，則在任何嚴格意義之下都是不能的。

每一物在空間上，都有位置，在時間上，都有變動。可是一個電子的位置愈確定，變動的速度愈難知，相反的，愈精細測量速度，對位置的觀念卻愈模糊[6]。這也就是說明了宇宙變化的無定性。以精細的科學技術尚且如此，更何況人心之知呢？

2.人事無定論

我們對外界的認識，除了物質之外，最主要的是人事，物性比較單純，已是如此，更何況複雜的人事。人事之難知，依據莊子的看法主要有兩個原因：

6 因為我們肉眼不能見電子，普通的光度也無法見到電子，必須用鐳射線中的加瑪射線來照明，可是等加瑪射線一射到電子時，已把電子打動了，因此速度就變了。所以我們要測量電子時，速度就無法把握。相反的，我們如果要想獲得它本身的速度，就不能用加瑪射線，因此我們就無法看到一個電子的精確位置。

一為是非無標準，莊子說：

既使我與若辯矣，若勝我，我不若勝，若果是也，我果非也邪！我勝若，若不吾勝，我果是也，而果非也邪！其或是也，其或非也邪！其俱是也，其俱非也邪！我與若不能相知也，則人固受其黮闇，吾誰使正之……然則我與若與人俱不能相知也，而待彼也邪！（《齊物論》）

當然這裡的是非是指一般人事上的是非，是指辯者爭論上的是非，這些是非都是「以是其所非，而非其所是」，並沒有一定的標準。在這裡我們千萬不能誤會了莊子的意思，認為莊子是懷疑論者，[7]否定了一切的知識。其實莊子所追求的是「真知」。他只是認為在人

---

7 懷疑論的思想至少有二個特點，一是否定一切知識，認為宇宙間沒有真理。一是認為人與外物（包括了人與人、人與物）之間無法溝通。但莊子只是認為下一截的知識不可靠，對於上一截的真知卻是大肯定的，同時莊子「萬物與我為一」的思想，正是強調我與萬物可以溝通，

事上的認識，並不能構成真知。

其次為成毀不可測，莊子說：

> 其分也，成也；其成也，毀也；凡物無成與毀，復通為一。（〈齊物論〉）

這雖是就物而言，但人事更是如此。我們都追求成功，可是往往求全反毀。因為「禍兮，福之所倚；福兮，禍之所伏」（《老子》語），人事的變幻莫測，眼前的成功，也許造成了將來的失敗，現在的挫折，卻未嘗不是未來幸福的基礎。莊子曾舉了個故事說：

> 支離疏者，頤隱於齊，肩高於頂，會撮指天，五管在上，兩髀為脅，挫鍼治繲，足以餬口，鼓筴播精，足以食十人，上徵武士，則支離攘臂於其間，上有大役，

所以莊子決非懷疑論者。

則支離以有常疾不受功，上與病者粟，則受三鍾與十束薪，夫支離其形者，猶足以養其身，終其天年，又況支離其德者乎！（〈人間世〉）

在形體上有殘缺的人，這很明顯的是一種「毀」，但在另一方面卻有所成，能養其身，終其天年。更何況人事上的變幻莫測[8]？

（二）知者，謨也

所謂「謨」，按章炳麟的注是「謨摹同，想也，思也」。前面「知者，接也」，是指與外物相交，對外界的認識，這是偏向於外的。而「知者，謨也」，是指由內向外的思索，這是偏向於內的。在這裡，筆者以為莊子的這個「謨」，並不是單純的摹寫、思想而已，其中還有欲望的成份，我們試看莊子的論知，並不像西方經驗主義者，如洛克、休謨等

8 莊子的這個故事，只是一則寓言。寓言另有其寓意。如果黏著字面上，以為莊子在歌頌支離疏醜陋的形體，及他因醜陋的形體，反而能苟全性命的幸運，這是一大誤解。莊子的寓意，乃在歌頌道德，要我們專注道德，而不必重視形體的殘缺，以及拘束於不必要的小節。

人，只把知看作一種外物的翻版、投影而已。莊子認為：

且若亦知夫德之所蕩，而知之所為出乎哉！德蕩乎名，知出乎爭。名也者，相軋也。知也者，爭之器也。二者凶器，非所以盡行也。（〈人間世〉）

可見莊子是把「知」字看作爭之器。在《莊子》書中也常把知字和謀字合用，如：

聖人不謀惡用知（〈德充符〉）

知謀不用（〈天道〉）

知者謀之（〈讓王〉）

不謀於知（〈天下〉）

由此可見莊子的這個「謨」字，除含有摹的作用外，也有「謀」的意思，現在我們就看看這個「知者，謨也」的知，何以陷於小知，而不見真知？

1. 思想之所困

莊子在〈齊物論〉中，一開端所描寫的「萬竅怒號」，就是影射各家思想的爭辯。其實萬竅之怒號，並不是由於宇宙的大氣本身有這麼多聲音，而是這些竅穴因自己有方圓、凹凸的不同，而產生了萬籟。人世間思想的爭辯也是如此。大道只有一個，可是思想家們由本身的氣質、習性及受教的不同，因此只看見道的一偏，於是仁者見仁，智者見智，而有各種理論。正如莊子所說：

> 井鼃不可以語於海者，拘於虛也；夏蟲不可以語於冰者，篤於時也；曲士不可以語於道者，束於教也。(〈秋水〉)

所謂「束於教」者，就是受既成觀念的束縛，而不自覺的戴著有色眼鏡去看一切。這也就是莊子所說的「道隱於小成」。小成是小有成就，偏於一面。譬如在儒家思想方面，只能通一經，便以為得儒家的真傳。其實即使能通儒家所有的經典，而不能參照其他各家思想，恐怕對於儒家思想也不會深入。同樣對於道家思想，如果只及於老莊，而不能融會儒家，也必失於一偏。[9]這些都只是小成，小成而自以為是，不求大成，就是小知。

2. 欲念之所困

知識的構成，不只是單純的一種認識作用而已，它時時會夾雜了欲念的。佛家對這個「識」字的定義是「了別」。「了別」就是分別外境的作用，而這作用依據佛家的看法，就是由欲念所操縱的，所以佛家的智慧就是要轉識，去掉分別之心。莊子在這方面的見解和佛家是一致的，他在〈齊物論〉中曾描寫人類的心理說：

> 其寐也魂交，其覺也形開，與接為構，日以心鬬。縵者、窖者、密者、小恐惴惴、

---

9 其實孔孟思想本身就有道家思想的境界，如孔子讚美無為，孟子歌頌「聖而不可知之之為神」；老莊思想本身也有儒家思想的精神，如老子強調慈和謙，莊子高唱內聖外王。而後人研究儒家或道家，只講門戶，自然會陷於一偏，而成為孔孟老莊的罪人。

大恐縵縵。其發若機栝，其司是非之謂也；其留如詛盟，其守勝之謂也；其殺若秋冬，以言其日消也；其溺之所為之，不可使復之也；其厭也如緘，以言其老洫也；近死之心，莫使復陽也；喜怒哀樂，慮歎變慹、姚佚啟態。……

這一大段話就是描寫人與物相交，即是「與接為構」的時候，而「日以心鬬」，產生了知謀。所以說「知，出乎爭」。爭利，爭名，使知變成了一種工具，一種凶器。

三、如何破除小知

前面我們已把小知的形成作了一個簡略的分析，現在接著要談談如何破除小知。一提到破除小知的方法，令人立刻便會想到〈齊物論〉的齊字。關於「齊物論」三字，究竟是「齊物」論呢？或是齊「物論」呢？前人的見解頗不一致。

舊讀往往把齊物兩字連在一起，如《文選》劉注：「莊子有齊物之論。」《文心雕龍．論說》：「莊周齊物，以論為名。」這是認為宇宙萬物雖然千差萬別，而莊子卻能齊一之，莊子在〈秋水〉中便說：「萬物一齊，孰短孰長。」〈天下〉：「齊萬物以為首。」另一種見解自王安石、呂惠卿開始一直到近代有些學者，都認為萬物不能齊，莊子所要齊的，乃是「物論」，如王應麟說：「《莊子．齊物論》，非欲齊物也，蓋謂物論之難齊也。」嚴復說：「物有本性，不可齊也，所可齊者，物論耳。」也有的學者認為「齊物」論與齊「物論」兩者皆可相通，如章炳麟說：「此篇先說喪我，終明物化，泯絕彼此，排遣是非，非專為統一異論而作」，錢穆說：「孟子曰：物之不齊，物之情也。〈天下〉篇，彭蒙、田駢、慎到，齊萬物以為首，則舊讀齊物相連，未為非是。」依筆者的看法應作「齊物」論較妥，其理由有四：

(一)《莊子》書中明言「萬物一齊」，「齊萬物以為首」。

(二)在〈齊物論〉中，論字常單獨使用，但「物論」連讀卻在整本《莊子》中沒有例子。

(三)〈齊物論〉中談喪我，談生死，談物化，不是物論兩字所能限。

(四)中國文字中的這個物字，包含了事字，因此「齊物」兩字除了齊「物」之外，也是齊「物論」的，而且莊子的物是對道而言，對心而言。所以凡是不合於道的都是物，凡是外於心的，也都是物。

歸結以上四點，可以看出「齊物」的範圍較闊，不必限於物論。因為莊子的思想是與「天地精神往來」，單純的齊一「物論」，批評辯者，實在不是莊子最高的境界。

我們之所以要辯明「齊物論」的用意，是在於說明莊子的這個「物」字，包含了「物性」和「人事」兩方面。而且莊子對付這兩方面問題的方法並不一致。《莊子．齊物論》的這個「齊」字，雖然極為重要，但單單一個齊字，並不能完全表達莊子的思想方法。尤其用這個「齊」去概括「物性」和「人事」，往往會產生誤解，譬如筆者曾論到馮友蘭認為「莊學以為人與物皆應有絕對的自由，故亦以為凡天下之物，皆無不好，凡天下意見，皆無不對」的錯誤，原因就在於把齊物性的方法，毫不考慮的用在齊人事上去。因此現在從齊物去論破除小知的方法，便必須把物性和人事分開來談。

就物性上來說，萬物不齊，形形色色，大大小小，各異其趣。正是所謂天下沒有相同的兩片葉子。所以不齊乃是物的本性，我們如果斤斤計較其不齊，而強分高下，這便是小知，而我們打破這種小知，便須以「不齊齊之」，還萬物一個本來面目。

如何以「不齊齊之」呢？前面我們曾說過物量的無窮，和物質的變化，常使我們自陷於小知。而我們如果認清物量的無窮，不僅我們所接觸、所追求的任何物體，都是像稊米之在太倉那樣的渺小，而且連我們自己，在天地間，也似毫末之在於馬體。能從這方面去認知，便會把任何物體看得一樣的小，而自己的心境也相對的增大了。同時，我們如果了解物質是變化不定的。我們就以不定的方法對付它，正如莊子所說：

浸假而化予之左臂以為雞，予因以求時夜。浸假而化予之右臂以為彈，予因以求鴞炙。浸假而化予之尻以為輪，以神為馬，予因而乘之，豈更駕哉！（〈大宗師〉）

能夠這樣的體認萬物的變化，便不為變化所苦。這就是能以不齊齊之了。

就人事上來說：人間世的一切本來就是參差不齊的，所謂富貴、窮通、禍福、是非、善惡，這些相對的觀念經常錯綜複雜的構成人生的痛苦煩惱。對於這些人事上的不齊，我們卻不能用對付物性的方法去「不齊齊之」，因為萬物的不齊，是它們本性使然，所以我們以「不齊齊之」，等於還它們以本性。但人事上的不齊，正好相反，非但不是本性使然，而且是違反了本性所形成的。對於這些人事上的不齊，我們不能還它們以不齊，如果說是的還它以是，非的還它以非，這豈不是是非不分？善的還它以善，惡的還它以惡，這豈不是善惡不明？如果一種思想是叫人是非不分，善惡不明的，那還有什麼可言。當然莊子的哲學絕非如此，可是因為莊子說的話，有表面的一層，有深入的一層，很多人往往僅抓住表面的一層，拿莊子的話，替自己作掩飾，根本沒有注意到莊子還有深入的一層。前面我們曾討論到小知的形成，在人事上是由於是非無標準，和成毀不可測，現在我們就根據這兩點來談談莊子深一層的意思，這一層能把握，自然能「去小知而大知明」。

在「是非」問題的討論上，莊子說：

是亦彼也，彼亦是也。彼亦一是非，此亦一是非，果且有彼是乎哉，果且無彼是

乎哉，彼是莫得其偶，謂之道樞。樞始得其環中，以應無窮，是亦一無窮，非亦一無窮也，故曰莫若以明。（〈齊物論〉）

這一大段話，在表面上看，是說是非沒有標準。而最後他卻說「莫若以明」，意思是指這些觀念上的是非之爭，永遠也得不到結果。不如放棄了是非之爭，而照之以明。這個明字極為重要，在〈齊物論〉中屢言「莫若以明」。又如他在討論到成毀問題時說：

古之人，其知有所至矣。惡乎至，有以為未始有物者，至矣盡矣，不可以加矣。其次以為有物矣，而未始有封也。其次以為有封焉，而未始有是非也。是非之彰也，道之所以虧也。道之所以虧，愛之所以成。果且有成與虧乎哉，果且無成與虧乎哉……若是而可謂成乎，雖我亦成也；若是而不可謂成乎，物與我無成也。是故滑疑之耀，聖人之所圖也。為是不用而寓諸庸，此之謂以明。（〈齊物論〉）

這裡把「莫若以明」的「以明」解釋得很清楚，就是「為是不用而寓諸庸」。所謂「為是不用」就是不再執著於是非、成毀等相對問題，而「寓諸庸」就是本之於庸。這個庸字有三個特點，莊子說：

> 庸也者，用也；用也者，通也；通也者，得也；適得而幾矣。（〈齊物論〉）

所謂「用」，就是有實用性；所謂「通」，就是有普遍性；所謂「得」，就是有適中性。所以莊子對於是非、成毀、貴賤、禍福等相對的觀念，不是完全用一個「無」字去加以抹煞，而是照之以明，拿一個庸字作衡量，也就是以實用性、普遍性、適中性去打消這些差別的現象。以這個「庸」字為準則就是「齊」，因此莊子對於人事上的問題，乃是以更高境界的齊，去齊其不齊。

四、真知與逍遙境界

前面我們是就「知者，接也」，去說明如何從不黏著於外物上，以打破小知。但這畢竟只是限於對外認知作用而已，離真知還有一段距離。因為必須向內去淨化能知的根，才能得到真知，也才能逍遙而遊。

如何淨化能知的根，就是從內心除去思想之所困，與欲望之所惑。這兩者，是人生一切痛苦煩惱的根源。在佛學上，把這兩者歸結起來，就是一個「念」字。此念不生，即得般若正智，而有逍遙之樂。莊子的見解也是如此。

然而又要如何除去思想之所困，與欲望之所惑呢？正同佛學的方法，於念無念一樣，莊子也要我們除去「知」與「故」，他說：

去知與故，循天之理。故無天災，無物累，無人非，無鬼責，其生若浮，其死若休，不思慮，不豫謀。光矣而不耀，信矣而不期。其寢不夢，其覺無憂。其神純

粹，其魂不罷，虛無恬惔，乃合天德。（〈刻意〉）

〈刻意〉雖然不一定是莊子的親筆，但這段話的內容卻是根據〈大宗師〉引申的。就這段話來看，所謂「知與故」，知是思想，故是巧謀。也就是前面所說的除去思想之所困，和欲望之所惑。但要如何「去」呢？一提到「去」字，常使後人認為是徹頭徹尾的杜絕知，因此更進一步便走入了反知之途。其實這不是莊子的原意。莊子的這個「去」字上大有文章。要了解這個去字，還是先讓我們看看〈齊物論〉開端的一段故事：

南郭子綦隱机而坐，仰天而噓，荅焉似喪其耦，顏成子游立侍乎前，曰：「何居乎！形固可使如槁木，而心固可使如死灰乎！今之隱机者，非昔之隱机者也。」子綦曰：「偃，不亦善乎，而問之也。今者吾喪我，女知之乎？」

很多人讀到這段話，都把整個注意力集中在「喪我」兩字，在「喪我」上大作文章。其實「喪我」固然重要，而更重要的是如何「喪我」。在這段故事裡，顏成子游的一問：「形固可使如槁木，而心固可使如死灰乎」，便影射出形可以如槁木，而心不能如死灰。因為心如死灰，哪裡還有靈臺，哪裡還能逍遙？所以南郭子綦便讚美子游問得好，而說「吾喪我」。這三個字，頗耐人尋味。第一點，他不直言喪我，而在喪我之上加了一個吾字。第二點，他不用我喪我，而換了一個吾字。雖然在《莊子》書中吾我兩字通用，但在喪我之上加了個吾字，卻顯示出喪我並不是突然的失去意識，而是有個「吾」去喪我。這個「我」是「我見」，那麼這個「吾」便是「真我」。這個「我」是小知，那麼這個「吾」便是「真知」。正是所謂喪我而後真我現，「去小知而後大知明。」

由「吾喪我」，再回到「去知」的問題上，可以看出「去知」並不是突然的丟掉一切知識，形同白癡，而是有更高的境界以去知。所以去知的方法，不在於如何杜絕知，迴避知，而是先要發展更高的境界，以消融「知」，提昇「知」。正是所謂「且有真人而後有真知」，因此也必須先是真人，然後才有真知。

由此可見去知的這個「去」字，有它深一層的意義。這個「去」的作用，本身不能完成，必須有一個更高的境界，推之使去。在黑格爾的哲學裡有一個作用相似，而方向相反的詞就是揚棄（aufheben），按照司塔斯（Stace）的解釋是：

揚棄一字有時翻譯為取消。在德文，這字有兩義，即是廢去和保留。英文成語「放在一旁」也有相同的兩義，即放在一旁不用，等於廢去，或放在一旁以備將來之用，也等於保留。（《黑格爾的哲學》）

黑格爾的辯證歷程，乃是由下向上的揚棄，逐漸拋去錯誤的、不好的，而走向正確的、完美的境界。至於莊子的去知，作用和揚棄相似之處，就是去知也是一種廢去小知的提昇作用。但方向不同的是，去知不是由下向上辯證的發展，而是先有更高的境界，以揚棄小知，使我們的知性昇華而成大知。

這更高的境界，必須超乎知識之上的。它和知的關係，可以用表三來說明：

神——明——知
（真知）（小知）

（表三）

表三可以根據《莊子》的兩段話：

> 吾所謂明者，非謂其見彼也，自明而已矣。（〈駢拇〉）

> 以不平平，其平也不平；以不徵徵，其徵也不徵。明者唯為之使，神者徵之，夫明之不勝神也久矣，而愚者恃其所見入於人，其功外也，不亦悲乎！（〈列禦寇〉）

這裡所謂「明」是自見，與見彼之「知」不同。而神是指最高的精神境界，也可說是真知。而由小知到真知，必須經過明的階段，這個「明」，是內觀，是反省，所謂「靜則明，明則虛」。它有點類似黑格爾的「揚棄」，是去小知，以進入大知。它也有點類似佛家的「證悟」，是破我執，以成就真我。

由於這個「明」的作用，使我們的知轉化為德。在西方哲學上，知和德始終很難調和。但在中國哲學裡知和德非但不衝突，而且是一貫的。這個知必須轉化為德，才是真知。莊子對知和德的關係頗為注意，他說：

不以知窮德（〈繕性〉）

以恬養知（〈繕性〉）

知通於神，故其德廣（〈天地〉）

知徹為德（〈外物〉）

由此可見，走知的路，走到最後關頭，這種知必須轉化為德，才能真正的達到逍遙的境界。所以要打破小知，還須要造乎道德。也就是到達逍遙之境，除了走知的路外，尚有一條路必須通過，那就是筆者將要說的道德之途。

第五章　從德以入逍遙之境

前面我們已經提到過，進入逍遙之境，除了走「知」的路外，還須走「德」的路。這兩條路並不是完全平行、毫不相關的。相反的，這兩條路，有時是互相交叉的，有時卻是互相銜接的。就交叉處來說，在求知的過程中，時時須靠德來折衷、來提昇，才不致走入歧途；就銜接處來說，在去小知的階段中，最後須轉化為德，才是真知。

現在讓我們看看莊子是如何由德以入逍遙之境。

一、道德的層次

在老莊思想中，一方面批評儒家所謂的道德，要「絕仁棄義」，要「忘仁義」，但另一方面，對道德兩字卻非常推崇，如老子的讚美「常道」、「上德」，莊子以「道德為主」。由此可見儒家和道家對「道德」解釋有所不同，才有此歧義產生。

這種歧義的產生，主要是由於對「道」的著重點不同，道家著重於天道，儒家著重於人道。雖然按照《易傳》對「道」的分法為：

立天之道曰陰與陽，立地之道曰柔與剛，立人之道曰仁與義。（《周易・說卦傳》第二章）

但地道可以附屬天道，所以實際分起來，只有天道和人道。在原始儒家，尤其是孔孟荀的眼中，可說是完全以人道為主。譬如《論語》一書中，所有的道字，幾乎都是當作人生行為準則解釋。只有一處提到天道，乃是子貢所說：

夫子之言性與天道，不可得而聞也。

這裡的「天道」，說了等於沒說，可見《論語》不談天道。再如《孟子》一書中所有的道字，都是就人生行為準則而言，只有兩處提到天道，如：

> 是故誠者，天之道。
>
> 聖人之於天道也。

這裡所引的兩句話，第一句與《中庸》一書雷同，究竟是《孟子》得自《中庸》，或《中庸》抄白《孟子》，前人各有見解，至今尚難以決定。不過就這兩句話來論，都是孤懸的一筆，並未深論。至於《荀子》書中，雖然常提到天道，但荀子把天道看作自然的現象，而重視人為，這是大家都公認的，不必詳辯。因此，由以上的分析看來，儒家是特別重視人道，把整個思想的中心放在人道上。不過他們所強調的人道，都和天道有關。也就是說他們雖然重視人道，但對天道也照樣的推崇，甚至於把天道看得比人道更高（荀子在此處稍有例外），只是他們不去談天道而已。

道家思想卻不然，他們極端重視天道，《老子》一開頭，便「道可道，非常道」的，把天道看作常道，而把人道看作可道之道。他在第七十七章還說：

天之道，其猶張弓與，高者抑之，下者舉之，有餘者損之，不足者補之。天之道損有餘而補不足，人之道，則不然，損不足以奉有餘。孰能有餘以奉天下，唯有道者，是以聖人為而不恃，功成而不處，其不欲見賢。

這是讚美天道，而貶抑人道。同樣在《莊子》書中，論道之處極多，但多半是指天道，而且和《老子》一樣，是讚天道，而抑人道（此處之人道，多指通俗意義），如：

何謂道？有天道，有人道。無為而尊者，天道也；有為而累者，人道也。主者，天道也；臣者，人道也。天道之與人道也，相去遠矣，不可不察也。（〈在宥〉）

從以上所論看來，儒家強調人道，卻也推崇天道；道家取法天道，卻有時不免捨棄人道。由這一不同，也就影響了他們對「德」的看法。在儒家思想中，道是人道，是總原則，而德就是實踐道的具體行為和德目。如《論語》上說：

民德歸厚矣！

鄉愿，德之賊也。

《孟子》書上說：

以德行仁者，王。

動容周旋中禮者，盛德之至也。

由此可見儒家的德，是指行為，而且這種行為，還是以禮作為準則。這是由道、而德、而禮。愈往下發展，愈落實了。

在道家思想中卻不然，由於他們的道是天道，是自然法則，因此他們的德，勢必合於天道，循於自然法則而行，如：

上德不德，是以有德；下德不失德，是以無德。上德無為而無以為；下德為之而有以為。（《老子》第三十八章）

道者，德之欽也，生者，德之光也……動以不得已之謂德。（《莊子・庚桑楚》）

這說明了道家所謂的德，是無為的，是不得已的，也就是順任自然的。

儒道兩家對道德看法的不同，完全是由於他們著眼點的有差別。本來就天道來說，只有一個，無論儒家也好，道家也好，他們所面對的天道是一樣的，但由於儒家強調人道，因此他們透過了人道去看天道，很自然的他們所見的天道，是和人道一致的。譬如他們強調仁心，而他們透過了仁心所看到的天道也充滿了生意，所謂「天地之大德曰生」；他們強調人為，因此他們所看到的天道，也是「天行健」的。至於道家卻不然，由於他們推崇天道，尤其是他們先把人道放在一邊，赤裸裸地去看天道，因此所見的天道，只有自然。然後他們透過了天道來看人道，凡是不合自然的，他們都加以揚棄。

由於這個原因，我們可以得到幾個結論：

（一）因為儒道兩家都共擁一個天道，所以對天道方面，儒道兩家並無異議。

（二）儒家是由人道向上透視天道，因此儒家思想向上發展，和道家不謀而合，孔子最高境界之似老子，孟子發展到高處，也和莊子相似[1]。

（三）道家由天道來批評人道，因此對儒家的批評，往往都是就道德失落，而流於禮義方面[2]。

---

1 這並不是說老莊的境界較高，孔孟必須發展到最高境界，才似老莊。而是說兩者殊途而同歸，兩方面發展到最高境界時，可以相通，如下表：

孔孟
老莊

2 如《老子》第三十八章說：「失道而後德，失德而後仁，失仁而後義，失義而後禮。禮者，忠信之薄，而亂之首。」王弼對於這段話注得很好，他說：「不能無為，而貴博施；不能博

二、莊子對一般德目的批評

由於莊子常常批評仁義禮智等德目，因此常被人誤解認為莊子笑傲道德，玩世不恭。其實在《莊子》書中，不僅是〈內篇〉，就是〈外篇〉和〈雜篇〉，對於道德兩字，沒有一語輕薄。絕不像魏晉名士那種自認風流，而故意的敗德喪行。那麼莊子一方面高推道德，一方面又批評一般德目，其間是否有矛盾呢？

要了解這問題，我們先看看莊子批評一般德目的重點何在。由於在一切德目中以仁義為首，而莊子批評仁義的話也最多，因此我們就以莊子批評「仁義」兩字的見解作例子。莊子批評仁義不是至德的說法有四點：

（一）褊狹

施，而貴正直；不能正直，而貴飾敬，所謂失德而後仁，失仁而後義，失義而後禮也。夫禮也所始，首於忠信不篤。通簡不陽。責備於表，機微爭制，夫仁義發於內，為之猶偽，況務外飾而可久乎，故夫禮者，忠信之薄而亂之首也。」

在莊子的眼中，至德就好像太陽的光輝，是無所不照的，而仁義好像一支蠟炬，它的光芒，只能照亮一處。莊子說：

大仁不仁。〈〈齊物論〉〉

此處「大仁」的「仁」是指至德境界，「不仁」的「仁」是指仁義的德目。因為仁義的仁只是一種恩惠，如他在〈天下〉說：

以仁為恩。

一般都把仁當作聖人對百姓的照顧，所謂「薰然慈仁」。但人智有限，往往在表面上有益的，實際上反有害，對於這一人有恩的，未必對另一人就有惠。譬如政府對百姓過份注意，反變成了一種干涉；父母對子女過份慈愛，又易養成兒女的驕縱。可是至德境界卻不然，它不是對一人一物有恩有惠的，如莊子說：

> 𩐈萬物而不為義，澤及萬世而不為仁，長於上古而不為老，覆載天地，刻雕眾形，而不為巧。（〈大宗師〉）

所以莊子認為仁義比起至德境界來，顯得褊狹而沒有普遍性。

（二）多方

至德境界本乎天道，是單純的、統一的；但仁義卻不然，由於它是人為的，因此仁者見仁，智者見智，是多方雜出的。莊子曾以寓言表示說：

> 南海之帝為儵，北海之帝為忽，中央之帝為渾沌。儵與忽時相與遇於渾沌之地，渾沌待之甚善，儵與忽謀報渾沌之德，曰：「人皆有七竅，以視聽食息，此獨無有。嘗試鑿之。」日鑿一竅，七日而渾沌死。（〈應帝王〉）

渾沌之德就是至德境界，是素樸自然的，七竅就是仁義等德目。本來渾沌中也含有仁義之德，它並非無用，而是用於全面，就像人身的熱能，散佈於全身，任何地方都有其用，但並不特出。可是經人智之開竅，就像熱能只向某一處發散，便會產生高熱，而致故障。所以莊子感慨的說：

> 駢拇枝指，出乎性哉，而侈於德；附贅縣疣，出乎形哉，而侈於性；多方乎仁義而用之者，列於五藏哉，而非道德之正也。（〈駢拇〉）

這段話正是說明仁義本來也是一種道德，出於人的本性，可是標舉仁義，多方而用之，則反而失去了本性，破壞了至德的真諦[3]。

（三）限制

3 在道家眼中的仁義，只是一種德目，而每一個德目，只就某一種行為立言。因此過份偏執某一德目，便會破壞了至德的中和性。

按照至德的境界來說，是沒有任何限制的，而仁義卻是人為的約束，莊子說：

夫道未始有封，言未始有常，為是而有畛也，請言其畛，有左有右，有倫有義，有分有辯，有競有爭，此之謂八德。（〈齊物論〉）

可見道是沒有任何封域的，而一般的德目卻要把道加以封界。封界之後，雖然有倫有義，有分有辯，但道的活潑性卻被扼殺了。所以莊子一再的呼籲說：

毀道德以為仁義。（〈馬蹄〉）

仁義又奚連連如膠漆纆索。（〈駢拇〉）

吾未知聖知之不為桁楊椄槢也，仁義之不為桎梏鑿枘也。（〈在宥〉）

這是說仁義由於有限制性，對於人性的開展反而成了一種桎梏鑿枘。

(四) 權變

既然仁義常常會毀壞道德，限制人性，那麼先聖們為什麼又要特別提倡仁義，對這問題，莊子的答覆，是認為「仁義」是先王們用來治理百姓的一種權變，其本意並非完全錯誤，如莊子說：

> 仁義，先王之蘧廬也，止可以一宿而不可久處，覯而多責。(〈天運〉)

所謂蘧廬就等於現在的旅館，只能在觀光時暫住一二宿，而不能長住。如果樂不思蜀，留戀忘返，其後果將會是：

> 及至聖人，屈折禮樂以匡天下之形，縣跂仁義以慰天下之心，而民乃始踶跂好知，爭歸於利，不可止也，此亦聖人之過也。(〈馬蹄〉)

以上四點是莊子對於仁義不是至德的看法，但莊子決不是破壞仁義，他只是認為至德是本，仁義是末，如果只講仁義，而透不上去，仁義反成了人性的一種枷鎖，所以他在說到「仁義，先王之蘧廬也」之後，又接著說：

古之至人，假道於仁，託宿於義，以遊逍遙之墟，食於苟簡之田，立於不貸之圃。逍遙，無為也，苟簡，易養也；不貸，無出也，古者謂是采真之遊。（〈天運〉）

這段話極為精要，它說明了莊子雖然批評仁義，卻沒有廢棄仁義。非但沒有廢棄仁義，相反的，卻借道於仁義，去達到逍遙的境界。可見仁義與逍遙境界之間，不是背道而馳的，而是互相銜接，可以轉化的[4]。至於如何借道仁義，以達逍遙境界，這已接觸到莊子修養工夫的中心思想。

---

4 老莊批評仁義，都是要我們認清仁義之上還有活的源頭。所以在表面上，似乎不滿仁義，實際上，卻是為了使仁義上達，使仁義有活的源頭。

三、通向至德的修養工夫

上面我們已約略的看過，莊子對於仁義的批評。其實歸納起來，也只有一個原因，就是在莊子的眼中，仁義等德目，都是外在的一種行為準則，如果我們內心沒有工夫，而徒執外在的準則，那麼我們便受制於外，仁義反成了一種桎梏。所以要解脫這種桎梏最根本的方法，就是從內心下工夫。這種工夫有兩個步驟：第一個步驟是忘，它的工夫在心齋；第二個步驟是化，它的工夫在見獨。現在筆者依次談談這兩個步驟。

（一）心齋自忘

忘字，在《莊子》書中也非常重要，因為它不只是普通被動的所謂忘記的意思，而是有主動性的工夫，如莊子假借孔子與顏回的一段故事說：

> 顏回曰：「回益矣。」仲尼曰：「何謂也？」曰：「回忘仁義矣！」曰：「可矣，猶未也。」它日，復見，曰：「回益矣。」曰：「何謂也？」曰：「回忘禮樂

矣。」曰：「可矣，猶未也。」它日，復見，曰：「回益矣！」曰：「何謂也？」曰：「回坐忘矣！」仲尼蹴然曰：「何謂坐忘？」顏回曰：「墮肢體，黜聰明，離形去知，同於大通，此謂坐忘。」仲尼曰：「同則無好也，化則無常也，而果其賢乎，丘也請從而後也。」（〈大宗師〉）

從顏回先忘仁義，再忘禮樂，最後坐忘的這一歷程看來，這個忘字背後，是有一套工夫修養的。後代許多人讀到《莊子》的忘字，就黏著在這個忘字上，要學坐忘。其實憑空怎麼能忘？如果單純的去忘的話，不如頭上打一棒，腦震盪，得遺忘症，什麼都忘了，但這豈是莊子所謂的忘？顯然的，莊子所謂的忘，套用佛家的話，乃是心不滯境而已。要達到心不滯境，莊子曾說過一段工夫，就是心齋：

顏回曰：「回之家貧，唯不飲酒，不茹葷者，數月矣，若此，則可以為齋乎？」曰：「是祭祀之齋，非心齋也。」回曰：「敢問心齋？」仲尼曰：「若一志，無聽之以耳，而聽之以心，無聽之以心，而聽之以氣。聽止於耳，心止於符。氣也者，虛而待物者也。唯道集虛。虛者，心齋也。」顏回曰：「回之未始得使，實自回也，得使之也，未始有回也，可謂虛乎」，夫子曰：「盡矣，吾語若，若能入遊其樊，而無感其名。入則鳴，不入則止，無門無毒，一宅而寓於不得已，則幾矣。絕迹易，無行地難，為人使，易以偽；為天使，難以偽，聞以有翼飛者矣，未聞以無翼飛者也；聞以有知知者矣，未聞以無知知者也。瞻彼闋者，虛室生白，吉祥止止，夫且不止，是之謂坐馳。夫徇耳目內通，而外於心知，鬼神將來舍，而況人乎！是萬物之化也，禹舜之所紐也，伏戲几蘧之所行終，而況散焉者乎！」

（〈人間世〉）

這一大段話所描寫的心齋就是一個虛字，不過這種虛並不是精神散失，相反的，卻是精神貫注於內所達到的一種心境。同時這種工夫，也不是玩空弄有，耽於虛寂，它在道德的追求上，有其積極的意義，如莊子的另一段話：

徹志之勃，解心之謬，去德之累，達道之塞。貴富顯嚴名利六者，勃志也。容動色理氣意六者，謬心也。惡欲喜怒哀樂六者，累德也。去就取與知能六者，塞道也。此四六者，不盪胸中則正，正則靜，靜則明，明則虛，虛則無為而無不為也。

（〈庚桑楚〉）

這說明了心齋的工夫在致虛。而這種虛，乃是心量的無限擴大，這才是至德的境界。

（二）見獨能化

虛，只是心境的廓然而已，單單虛還是不夠的。就同〈逍遙遊〉一文中所描寫的天池，是廣漠無邊，能容一切。但只有天池，仍然只是一片空虛，其中還必須有大鵬去遊，才顯得生動活潑，同樣，虛，只是使「四六者，不盪胸中」，只是使我們「用心如鏡」，但虛中還必須有主，還必須有真宰，才能使此虛不滯於虛，而活活潑潑的能化。莊子曾有一段故事描寫說：

南伯子葵問乎女偊曰：「子之年長矣，而色若孺子何也？」曰：「吾聞道矣。」南伯子葵曰：「道可得學邪？」曰：「惡，惡可，子非其人也。夫卜梁倚，有聖人之才，而無聖人之道，我有聖人之道，而無聖人之才，吾欲以教之，庶幾其果為聖人乎。不然，以聖人之道，告聖人之才，亦易矣，吾猶守而告之，參日而後能外天下；已外天下矣，吾又守之，七日而後能外物；已外物矣，吾又守之，九日而後能外生；已外生矣，而後能朝徹，朝徹而後能見獨，見獨而後能無古今，無古今而後能入於不死不生。殺生者不死，生生者不生，其為物，無不將也，無不迎也，無不毀也，無不成也。其名為攖寧，攖寧也者，攖而後成者也。」（〈大宗師〉）

這段話的重點在「見獨」兩字，見獨之前，只是外天下、外物、外生而已。見獨之後，則能無古今，不死不生，而後達到攖寧的境界。外天下、外物、外生，只是不滯外境而已，只是忘，只是虛。而無古今，不死不生，是內外合一，同於大通。所謂「攖寧也者，攖而後成者也」的意思，就是說能接於物，而化之也。

心齋自忘，是消極的，而見獨能化，卻是積極的。這個見獨的獨字，是指絕對，如：

似遺物離人而立於獨也。（〈田子方〉）

也是指真我，如：

獨往獨來，是謂獨有。（〈在宥〉）

而獨與道遊於大莫之國。（〈山木〉）

獨與天地精神往來。（〈天下〉）

能夠把握這個絕對或真我，便能任運而化，無不逍遙。

這個化字在莊子思想裡，也極為重要。本來，這個化是從自然變化而來。在自然的變化中，「萬物以不同形相禪」，「出於幾，又入於幾」，是循環的，也是不息的。但人的形體有限，生命短促，正是所謂：

一受其成形，不亡以待盡。與物相刃相靡，其行盡如馳，而莫之能止，不亦悲乎！（〈齊物論〉）

也許有人說，人死之後，化蟲肝，化鼠臂，這不正是莊子的物化嗎？又有何可悲？其實物化本來不是一件好事情，因為人物化了，就是死了之後，變為物，這哪有不悲之情呢？但莊子之所以不悲，而把「物化」加以美化，那是由於他在物化中，找到了不化的本體，這個不化的本體就是獨，也就是真我。唯有把握住這不變的獨，不化的真我，才能：

獨與天地精神往來。（〈天下〉）

乘物以遊心。（〈人間世〉）

所以莊子思想中，這個「化」，不是亂變，不是機械化的變，而是有其自主的精神力量。

上面我們已看過莊子的兩種內心修養工夫。前一種「心齋自忘」，使我們的心境開闊，不致被仁義等德目的相對性所黏著，所限制。後一種「見獨能化」，是求真，使我們的人性向上無限開展，去求「澤及萬世而不為仁」的大仁，行「整萬物而不為義」的大義。

四、至德與逍遙境界

提到逍遙境界，常使人聯想到無為、無事、無所牽掛的那種悠遊之樂。因而也使人以為只要萬端放下，萬念俱息，便能達到逍遙的境界。其實，無為、無事，並非不做，並非沒有事。而是不為物所役，不為事所困。而要達到不為物所役，不為事所困，必先立乎道德，所以逍遙的境界，實際上乃是道德的境界。莊子曾有段極精彩的故事：

莊子行於山中，見大木，枝葉盛茂，伐木者止其旁而不取也。問其故，曰：無所可用。莊子曰：此木以不材得終其天年！夫子出於山，舍於故人之家，故人喜，命豎子殺雁而烹之，豎子請曰，其一能鳴，其一不能鳴，請奚殺，主人曰：殺不能鳴者，明日，弟子問於莊子曰：昨日山中之木，以不材得終其天年，今主人之雁，以不材死，先生將何處？莊子笑曰：周將處夫材與不材之間。材與不材之間，似之而非也，故未免乎累。若夫乘道德而浮游，則不然，無譽無訾，一龍一蛇，與時俱化，而無肯專為。一上一下，以和為量。浮游乎萬物之祖，物物而不物於物，則胡可得而累邪！此神農黃帝之法則也。若夫萬物之情，人倫之傳，則不然，合則離，成則毀，廉則挫，尊則議，有為則虧，賢則謀，不肖則欺，胡可得而必乎哉！悲夫，弟子志之，其唯道德之鄉乎。（〈山木〉）

所謂材與不材，都是受制於外，拘囿於物，不可能避免人世之累。唯有乘道德而遊，才能達到真正的逍遙。

莊子所謂道是指天道，因此乘道即是〈逍遙遊〉中的「乘天地之正，而御六氣之辯」；在這方面，莊子也一再的說：

乘乎雲氣而養乎陰陽。（〈天運〉）

吾與之乘天地之誠。（〈徐无鬼〉）

彼方且與造物者為人，而遊乎天地之一氣。（〈大宗師〉）

至於德，一方面是虛己以應物，所謂：

無為名尸，無為謀府，無為事任，無為知主，體盡無窮，而遊無朕，盡其所受乎天，而無見得，亦虛而已。至人之用心若鏡，不將不迎，應而不藏，故能勝物而不傷。（〈應帝王〉）

一方面是見獨以遊心，所謂：

古之真人，不知說生，不知惡死，其出不訢，其入不距，翛然而往，翛然而來而

已矣。不忘其所始，不求其所終，受而喜之，忘而復之，是之謂不以心捐道，不以人助天，是之謂真人。（〈大宗師〉）

無論是虛己也好，見獨也好，莊子的德，乃是鑄造真我。這個真我是超脫小知而有真知，破除慾心而有真心，所以他遊於天地之間，而不為物所役，不為事所困。莊子說：

若然者，登高不慄，入水不濡，入火不熱，是知之能登假於道也，若此。（〈大宗師〉）

並不是說一個人有金剛之身，能入水不濡，入火不熱，而是說，水能濡的，火能熱的，都是一個人的軀體。所謂真人，完全超脫了形骸，純然是至性良知，能物物，而不物於物，因此外界的一切困阨，縱然能阻礙他的軀體，但他的精神，他的真知，卻絲毫不受影響。唯有這樣，才能真正逍遙而遊。

第六章　莊子思想的精神——體現真我

莊子的思想，總括一句，不外乎是一種破邪顯正之學。他一方面批判各家的思想，以建立自己的體系；一方面糾正世俗的觀念，以體現真我。所以莊子的思想，可以說徹頭徹尾是有我之學。試想沒有這個我，又如何能忘，如何能化，如何能逍遙？

現在，我們先從《莊子》書中的兩個例子來看：

在《莊子》書中，和莊子關係最深的是惠施。莊子在〈逍遙遊〉中提到他，在〈齊物論〉中批評他，在〈秋水〉中和他辯論，在〈天下〉中，以結尾的重要地位，討論他。

按照〈天下〉裡描寫惠施思想的大端是：

> 惠施多方，其書五車，其道舛駁，其言也不中，歷物之意曰：至大無外，謂之大一，至小無內，謂之小一。無厚不可積也，其大千里。天與地卑，山與澤平。日

方中方睨，物方生方死。大同而與小同異，此之謂小同異，萬物畢同畢異，此之謂大同異。南方無窮而有窮，今日適越而昔來。連環可解也。我知天下之中央，燕之北，越之南是也。氾愛萬物，天地一體也。惠施以此為大，觀於天下，而曉辯者。

從這段話中，可以看出惠施最後的目的是要達到「氾愛萬物，天地一體」的境地。這種境地與〈齊物論〉中所謂「天地與我並生，而萬物與我為一」的境界豈不是很相似嗎？的確，就境界的表面上來看是很相似的，但惠施的這一境地，只是從前面「大小」、「厚薄」、「高卑」、「生死」、「同異」、「有窮無窮」、「今昔」、「可不可」、「燕北越南」等觀念辯析上所得的結論而已，並沒有實際修證此一境地的工夫。試看〈德充符〉上莊子和惠施曾有一段辯論：

惠子謂莊子曰：「人故無情乎？」莊子曰：「然。」惠子曰：「人而無情，何以謂之人？」莊子曰：「道與之貌，天與之形，惡得不謂之人。」惠子曰：「既謂之人，惡得無情。」莊子曰：「是非吾所謂情也，吾所謂無情者，言人之不以好惡內傷其身，常因自然而不益生也。」惠子曰：「不益生，何以有其身？」莊子曰：「道與之貌，天與之形，無以好惡內傷其身。今子外乎子之神，勞乎子之精，倚樹而吟，據槁梧而瞑，天選子之形，子以堅白鳴。」

從這段話中可以看出惠施只是執著於現象，認為莊子所謂無情，是屏除一切情感、意識等精神作用。也就是誤認為莊子的喪我，是毀身滅智。其實莊子的無情，乃是「無以好惡內傷其身」，正是為了要全生保真。相反的，在莊子的眼中，惠施那種外神勞精，徒逞思辨的作法，卻是十足的傷生損性的行為。

至於莊子所謂「天地與我並生，而萬物與我為一」的境界，並不像惠施的「汜愛萬物，天地一體」，只是一個思辨的結論，一種空洞的境界而已。對於這點，我們可以從兩方面得到證實：

第一點：「天地與我並生，而萬物與我為一」，不僅在莊子思想裡，是一個中心觀念，而且在〈齊物論〉一文裡，又正好在一個中心的地位。當莊子行文到這兩句話時，前面已有好幾段論說，首先，他借地籟人籟，襯托出一切皆由心造；再由心態的各種作用，說明念頭的變幻無常；然後就人間的是非、成毀等觀念的沒有標準，來說明我們不應執著於一己的心念，而應照之於天，也就是返於天道的自然。由此可見惠施所憑藉的思辨，正是莊子所要破斥的。

第二點：莊子的「天地與我並生，而萬物與我為一」，是把我和天地萬物並列。在〈齊物論〉裡，他特別強調說：

若有真宰，而特不得其眹。可行已信，而不見其形，有情而無形。百骸九竅六藏，賅而存焉，吾誰與為親？汝皆說之乎？其有私焉？如是皆有為臣妾乎？其臣妾不足以相治乎？其遞相為君臣乎？其有真君存焉？如求得其情與不得，無益損乎其真。

這是真我的存在。唯有這個真我才能與天地並生，與萬物為一。

由以上三點，可以看出莊子和惠施的不同，乃是莊子的境界，不是全由思辨所得，而是從心性實證上下工夫的。

再舉第二個例子來看。在〈天下〉中曾描寫彭蒙、田駢、慎到等人的思想是主張「齊萬物以為首」。這和《莊子．齊物論》的旨趣，似乎是不謀而合的。至於他們的立論根據是：

> 天能覆之，而不能載之，地能載之，而不能覆之，大道能包之，而不能辯之。知萬物皆有所可，有所不可。故曰：選則不徧，教則不至，道則無遺者矣！是故慎到棄知去己，而緣不得已。泠汰於物，以為道理。曰：知不知，將薄知而後鄰傷之者也。謑髁無任，而笑天下之尚賢也。縱脫無行，而非天下之大聖。椎拍輐斷，與物宛轉，舍是與非，苟可以免，不師知慮，不知前後，魏然而已矣！推而後行，曳而後往，若飄風之還，若羽之旋，若磨石之隧，全而無非，動靜無過，未嘗有

罪，是何故？夫無知之物，無建己之患，無用知之累。動靜不離於理，是以終身無譽，故曰：至於若無知之物而已，無用賢聖，夫塊不失道。

在這段話中，我們可以看出慎到等人對於境界的看法，和莊子的見解並沒有多大的差別，可是在工夫上，他們只一味的講究「棄知去己」，要把自己變成像木石一樣的無知無識，認為唯有這樣才能「塊不失道」。其實他們的作法，全無理趣，非但失去了自己，同時也看錯了道，所以莊子批評他們：

其所謂道非道，而所言之韙，不免於非。彭蒙、田駢、慎到不知道，雖然，概乎皆嘗有聞者也。（〈天下〉）

所謂「有聞」，乃是指他們在境界上尚能了解「大道能包」、「道則無遺」，在工夫上尚能懂得「與物宛轉，舍是與非」。而他們之所以「不免於非」，也就是由於他們的「棄知去己」，在工夫上走偏了，而無法「同於大道」。

至於莊子的工夫卻不然，在〈應帝王〉中曾有一段故事：

鄭有神巫曰季咸，知人之死生存亡，禍福壽夭，期以歲月旬日若神。鄭人見之，皆棄而走。列子見之而心醉，歸以告壺子，曰：「始吾以夫子之道為至矣，則又有至焉者矣。」壺子曰：「吾與汝既其文，未既其實，而固得道與？眾雌而無雄，而又奚卵焉。而以道與世亢必信，夫故使人得而相汝，嘗試與來，以予示之。」明日，列子與之見壺子，出而謂列子曰：「嘻！子之先生死矣，弗活矣，不以旬數矣，吾見怪焉，見溼灰焉。」列子入，泣涕沾襟，以告壺子，壺子曰：「鄉吾示之以地文，萌乎不震不正，是殆見吾杜德機也。嘗又與來。」明日又與之見壺子，出而謂列子曰：「幸矣！子之先生遇我也，有瘳矣，全然有生矣。吾見其杜權矣。」列子入，以告壺子，壺子曰：「鄉吾示之以天壤，名實不入，而機發於踵，是殆見吾善者機也。嘗又與來。」明日又與之見壺子，出而謂列子曰：「子之先生不齊，吾無得而相焉，試齊，且復相之。」列子入以告壺子，壺子曰：「吾鄉示之以太沖莫勝，是殆見吾衡氣機也；鯢桓之審為淵，止水之審為淵，流水之審為淵，淵有九名，此處三焉。嘗又與來。」明日又與之見壺子，立未定，自失而走，壺子曰：「追之。」列子追之，不及，反以報壺子曰：「已滅矣，已失矣，吾弗及已。」壺子曰：「鄉吾示之以未始出吾宗，吾與之虛而委蛇，不知其誰何，因以為弟靡，因以為波流，故逃也。」

最先，壺子所示的「地文」，是「杜德機」，也就是杜絕意念，毫無生機。向、郭注為「塊然若土」，這正是慎到等人的表現。其次示以「天壤」，是「善者機」，也就是生意初動的意思。接著示以「太沖莫勝」，是「衡氣機」。這是沖氣以為和，渾同一體的意思。最後才示以「未始出吾宗」。所以「未始出」就是「不離」。「吾宗」，是指性真。正是〈天下〉所謂「不離於宗，謂之天人。不離於精，謂之神人。不離於真，謂之至人」的意思。這是真我的境界，但這個真我極為圓融，與物無礙，所以又是「虛而委蛇，不知其誰何」！

而不落我相。由這段譬喻中，我們可以看出慎到等人工夫的粗淺。和莊子真我的逍遙境界，還差了一大段距離。

在本章開端，我們就強調莊子的思想是破邪顯正之學。所謂破邪，是破我執；顯正，是顯真我。破邪顯正並非二事，破邪就是為了顯正，破我執就是為了顯真我。如果只破不顯，這「破」本身也變成了一執，惠施、慎到等人的毛病就是出在這一點上。

莊子思想的精神，乃是在於他首先把握住這個真我，然後再破執，使破執成為顯正的一個前奏。王夫之評莊子曾說：

〈內篇〉雖極意形容，而自說自掃，無所黏滯。〈外篇〉則固執粗說，能死而不能活。(《莊子解》)

王夫之的意思是說，莊子的思想提出某一觀點之後，接著又連這觀點也一併掃除。譬如他在〈大道注〉中曾比較〈內〉、〈外篇〉說：

無為，固老莊之所同尚，而莊子抑不滯於無為，故其言甫近，而又遠之。甫然而又否之，不示人以可踐之迹，而此篇「按指天道」之說，滯於靜而有成心之可師，故其辭卞急煩委，以喉息鳴，而無天鈞之和。莊子之說合上下隱顯貴賤小大而通於一。此篇以無為為君道，有為為臣道，則剖道為二而不休於天鈞，且既以有為為臣道矣，又曰以此南鄉堯之為君也，以此北面舜之為臣也，則自相刺謬，而非若〈內篇〉雖有隨掃之說，終不相背戾也。

夫之這段話，就莊子思想的理路上來看，的確是非常精闢的。但隨說隨掃，仍然是一種相。莊子之所以能隨說隨掃，主要是他先把握住這個隨說隨掃的主體——真我，因此才能「說」、「掃」自如，無論是說也好，掃也好，都不會執有陷空。譬如〈逍遙遊〉一文的開端，便揭出大鵬的境界，這是真我的化身說法，由這隻大鵬的出北冥，入南冥，這是把海天打成一片，把時空渾成一體。然後，再反觀小蜩小鳩的行為，就能破其淺陋了。再看〈齊物論〉中從頭至尾都在批評世俗的一切觀念意識，但並非只是批評而已，因為

〈齊物論〉從頭至尾都在襯托著一個真我。從「吾喪我」開始，到「真宰」、「莫若以明」，直到最後莊子夢蝴蝶的物化，都隨處活現著這個真我，試從莊子夢蝴蝶這段寓言來看：

> 昔者，莊周夢為胡蝶，栩栩然胡蝶也，自喻適志與，不知周也。俄然覺，則蘧蘧然周也。不知周之夢為胡蝶與，胡蝶之夢為周與，周與胡蝶，則必有分矣，此之謂物化。

對這段寓言，古來許多注解，似乎都注淺了，如向、郭的注：

> 夫時不暫停，而今不遂存，故昨日之夢，於今化矣。死生之變，豈異於此，而勞心於其間哉。方為此，則不知彼，夢為胡蝶是也。取之於人，則一生之中，今不知後，麗姬是也。而愚者竊竊然自以為知生之可樂，死之可苦，未聞物化之謂也。

其他如呂惠卿、王夫之，似乎也都是就物化這一層面上解說，甚至張默生在「周與胡蝶，則必有分矣」一句下注說：

默按此二句，石永楙氏謂注文誤入，文義難通，其說極是，今據刪。（《莊子新釋》）

其實，這兩句話是刪不得的，因為它們正是《莊子．齊物論》的畫龍點睛、起死回生之筆。林希逸在《莊子口義》中已注意到這點，他說：

在莊周則以夜來之為胡蝶夢也，恐胡蝶在彼又以我今者之覺為夢，故曰不知周之夢為胡蝶與，胡蝶之夢為周與，這個夢覺須有個分別處，故曰：周與胡蝶則必有分矣，此一句似結不結，都不說破，正要人於此參究。

林氏雖提出這話，認為值得參究，但他自己也沒有說破。直到陳壽昌在《南華真經註》中，卻說破了這點，他在「必有分矣」一條下注說：

以本真論，必有分別。

在「此之謂物化」條下注說：

但言物化，真我自存。

接著又注解說：

此蓋以寓言者現身說法也。意謂為蝶為周，忽夢忽覺，在己者且無以辨，又何論外來之是非，於彼於此，曷有曷無，勘徹物相，同歸於化而已。至知其必有以分。

終不以幻化者迷其真宰，蘧然大覺，得一以靈，即〈則陽〉篇所謂日與物化者，一不化者也。此又寓言中之寓言也。

陳氏這段注極為精彩，因為莊子所追求的是真我，物化只是他處世的一種權變而已。關於莊子夢蝶這一寓言的思想層次，我們可以用禪宗的一個公案來說明，《指月錄》上記載青原惟信禪師的話說：

老僧三十年前未參禪時，見山是山，見水是水。及至後來親見知識，有個入處，見山不是山，見水不是水，而今得個休歇處，依前見山只是山，見水只是水。

所謂未悟道時的見山是山，見水是水，就是我們一般觀念上的蝴蝶是蝴蝶，莊周是莊周。而有個入處的見山不是山，見水不是水，就是分不清蝴蝶與莊周的「物化」。而悟道之後的見山只是山，見水只是水，歷歷分明，這正同莊周與蝴蝶的必有分。這個「必」字極有精神。因為真我自在，真我永存。能忘者，是真我，能化者，是真我，能逍遙者，也是真我。

歸結以上所述，對於莊子思想的精神，我們將有以下的幾點認識：

一、莊子思想的精神，是體現真我。莊子思想在理路上，是先把握住真我，然後再橫說直說，隨說隨掃，能不留痕跡，卻真意自存。

二、一般都以為莊子的逍遙是忘我之境，其實忘我並非忘記自己，而是破除我執。忘我只是負面的工夫，實證真我才是正面的工夫。也唯有造道於真我，才有逍遙之樂。

三、學習莊子的精神，不能從境界上著手。因為境界是不可學的，一學便成放誕；而且莊子的境界是莊子的，愈學愈不像莊子，也愈失去了自己。

四、接受了莊子的教訓後，我們應返觀自己，從「知」上去切實磨鍊；從「德」上去實際修證，等到工夫成熟後，真我自現。到了此時，才有境界可言，才能與莊子為友，與造物同遊。

參考書目

（以本書及注中直接引用者為限）

1. 《周易集註》　朱　熹
2. 《四書集註》　朱　熹
3. 《老子注》　王　弼
4. 《莊子注》　向秀、郭象
5. 《莊子翼》　焦　竑
6. 《莊子內篇注》　憨山大師
7. 《莊子解》　王夫之
8. 《南華經解》　宣　穎
9. 《莊子南華真經正義》　陳壽昌
10. 《莊子纂箋》　錢　穆
11. 《莊子哲學》　蔣錫昌

---

12. 《莊子新釋》　張默生
13. 《列子》　張　湛
14. 《世說新語》　劉義慶
15. 《肇論》　僧　肇
16. 《六祖壇經》　慧　能
17. 《指月錄》　瞿汝稷
18. 《讀經示要》　熊十力
19. 《中國哲學史》　馮友蘭
20. 《中庸誠的哲學》　吳　怡
21. 《中國哲學史話》　張起鈞、吳怡
22. *The Philosophy of Hegel*　Stace

附錄：《莊子．內篇》中的一些重要術語

術語是研究哲學的鑰匙。每一派，甚至每一位哲學家都有其特別的術語。這些術語，不僅構搭成他們整個思想的體系，而且同一術語的不同意義，不同造境，往往決定了他們哲學的生命和發展。譬如這個仁字，在孔子以前便存在，只是普通愛人的意義，到了孔子手中，卻賦予仁以特殊的生命，使它成為涵蓋一切道德的總綱。可是到了孟子手中，仁卻是指惻隱之心，而到了宋明儒家手中，仁又變成了覺性，變成了和宇宙萬物一體的本心。總之，這些哲學家們對「仁」字的不同看法和用法，便形成了他們思想的不同精神。

在這裡，筆者就《莊子．內篇》中一些重要的術語加以說明，其方法是：

1. 所謂術語，有時候只是一兩個字，有時候可能是一兩句話。

2. 對於術語的解釋，是以《莊子．內篇》的思想為主，至於〈外〉、〈雜篇〉中有新

義，或有價值的思想，也一併加以討論。

3. 雖然這些術語的說明，是以莊子的思想為主，但在發揮上，不免會超出莊子的範圍。有時可能借用儒家和禪宗的思想，或其他的學說來比較。

一、〈逍遙遊〉

這是《莊子》的第一篇。逍是無拘無束，遙是無窮無盡，遊是適性自在的意思。按照莊子自己的解釋，逍遙是指無為無事，如：

> 逍遙乎無為之業。（〈大宗師〉）
>
> 以遊逍遙之墟，……逍遙，無為也。（〈天運〉）
>
> 逍遙乎無事之業。（〈達生〉）

所謂無為就是無欲，無事就是無執。

能夠做到心中無欲無執，才能使自己的精神無拘無束，才能使自己的理想無窮無盡，才能使自己達到適性自在的境界。

要達到逍遙遊的境界，必須注意兩點：第一、逍遙遊不是指形體上的自由，而是指心靈上的自在；第二、逍遙遊不是指縱情任性的，而是要在心上不斷的修養才能達到的。在形體上，我們註定會死亡，我們也會遭遇到許多病痛和不如意之事。可是在心靈上，我們卻可以突破這些。但這不是指白日夢，或逃避現實，而是把心提昇到不受外在影響的境地。

〈逍遙遊〉一文是莊子所描繪的理想境界。由於全篇文字生動，一氣呵成，再加上大鵬小鳩的寓言點綴其中，所以讀起來非常順暢，而有情味。可是危險性也就在這裡，因為全文都是在描寫逍遙的境界，沒有詳論工夫，所以容易使讀者誤入歧途，以為只要學學文中那些大鵬的一飛沖天，大樹的處於無何有之鄉，便可逍遙。可是大鵬是怎樣才能一飛沖天的？大樹的無何有之鄉又在哪裡？他們卻全不知曉。所以我們要真能把握〈逍遙遊〉的精神，必須配合〈齊物論〉、〈德充符〉等文來讀。

需要有真工夫，才能得真逍遙。

二、化（〈逍遙遊〉）

「化」是莊子思想中一個極為重要的術語，在〈逍遙遊〉中最先便揭出這個化字：

北冥有魚，其名為鯤。鯤之大，不知其幾千里也。化而為鳥，其名為鵬。

在這裡很容易把這個「化」字解作普通的變化，如由蝌蚪變作青蛙，由魚子變成大魚。但鯤是魚，鵬是鳥，由魚又如何能變成鳥呢？可見莊子的這個「化」字並非如此的簡單，而是有其深一層的意義。

分析《莊子》書中所講的「化」，大約有三種意義：

（一）萬物的變化：這是最普通的所謂變化，是指形體上的改變。這種變化是平面的發展，是暫時性的，如生老病死、貴賤禍福等，如：

是萬物之化也。（〈人間世〉）

（二）自然的大化：這是指自然界生生不已的變化，這是就整個宇宙來看，是循環反復，是永恆性的，如：

安排而去化，乃入於寥天一。（〈大宗師〉）

（三）工夫的化道：這是指修養的工夫達到某程度後，使人性向上昇華，而融入道體之中。也就是說超脫了形骸的變化，而與自然共化。如：

不如兩忘而化其道。（〈大宗師〉）

看過了這些化字後，再回過頭去看看鯤化為鵬。鯤在北冥之中是暗喻其修養的深厚，等待六月風動，這表示修鍊工夫成熟，然後才能化為鵬，所以這個「化」是指精神的昇華。

莊子思想中的這個「化」字，兼有工夫和境界的雙重身份，它一方面是指化境，是指能夠與物同化，與天地合一的境界，如他在〈齊物論〉中所描寫莊周夢蝴蝶的物化的境界。另一方面是指一種工夫，這種工夫是由於不斷的修鍊，能突破形骸、知識、經驗的限制。這種工夫具體來說，就是他常提到的所謂「坐忘」，這個「忘」字乃是入化之門。

如果我們把莊子思想和禪宗思想相比，那麼這個「化」字正相當於禪門的頓悟。雖然這個「化」沒有像頓悟一樣被後代的禪家弄得那麼樣的多彩多姿，但它們都同屬於心中的一種覺悟。而在覺悟之後，又卻是天地並生，萬物合一的。

三、大（〈逍遙遊〉）

這個「大」字雖然在《莊子》書中都是以形容詞的身份出現，但當它和另一個字結合，表示至高至上的意思時，卻寫出了莊子那種向上的、無限的、開闊的精神境界。

莊子在〈逍遙遊〉中，一開頭便寫出了大鵬一飛沖天的境界。而在全文中，一再的以「大舟」、「大椿」、「大瓠」、「大樹」為喻。而又一再的說明：

> 且夫水之積也不厚，則負大舟也無力。（〈逍遙遊〉）
>
> 小知不及大知，小年不及大年。（〈逍遙遊〉）
>
> 此小大之辯也。（〈逍遙遊〉）
>
> 夫子固拙於用大矣！（〈逍遙遊〉）

僅從這些話看來，莊子所嚮往的「大」，乃是有所積的，也就是有深厚的學養和工夫，才能成其為大，所以又稱為大知。大和小的不同，是由於「小」是拘限於局部的時空，或個人有限的知識和經驗，而不能見大全。

這個「大」並不是和小對立的，因為和小對立的大並不是真正的大。如泰山和毫末，雖然我們都知道泰山為大，毫末為小，但泰山比起天地來，泰山也就變成了毫末，不能再稱為大。所以和小對待的大，不是莊子所理想的大。莊子的所謂大，乃是指向上無窮的發展而已。因此他的大常和道並言，如大方、大通、大辯、大仁、大廉、大勇、大美、大順等。

四、待（〈逍遙遊〉）

莊子說：

> 夫列子御風而行，泠然善也，旬有五日而後反。彼於致福者，未數數然也。此雖免乎行，猶有所待者也。若夫乘天地之正，而御六氣之辯，以遊無窮者，彼且惡乎待哉！（〈逍遙遊〉）

這裡提出了一個「待」字。所謂「待」就是依靠外在的力量，而不能自主的意思。列子御風而行，是依靠外在的風，所以最多只能旬有五日便必須回來，因為他自己無法自主。

至於「乘天地之正，而御六氣之辯（辯是變的意思）」，是指乘著天地發展的正道，順著陰陽風雨晦明等六氣的變化，也就是說一切本於自然，便一無所待了。

這個「待」字正是「逍遙遊」的絆石，因為我們的心如對外物一有所待，這個心便為外物所拘，不能逍遙。尤其人世間的待，往往是層層的限制。譬如做學生的，所待的是文憑，畢業以後，所待的是好的職業，有了職業後，所待的是步步高升，有財有勢，有名有利。可是待到了最後，又是什麼？正如莊子所說：

一受其成形，不亡以待盡。與物相刃相靡，其行盡如馳，而莫之能止，不亦悲乎！終身役役，而不見其成功，薾然疲役，而不知其所歸，可不哀邪！（〈齊物論〉）

最後所待到的只是死亡。由於死亡，使所有的待都失去了意義，都變成了虛無。這就是因為我們所待的不真實，莊子又借一個寓言說：

罔兩問景曰：「曩子行，今子止。曩子坐，今子起。何其無特操與？」景曰：「吾有待而然者邪？吾所待又有待而然者邪？吾待蛇蚹蜩翼邪？惡識所以然？惡識所以不然？」（〈齊物論〉）

罔兩是身影之外的一圈比較淡的餘影，餘影跟著影子而動，影子跟著身子而動，身子又跟著人的念頭而動。這些餘影、影子和身子都有待，都不能自主。它們所待的是念頭，可是這個念頭一起一滅，根本沒有固定的操行。所以這一切的待都是夢幻空花。這就同我們的爭名求利，都是為了這個空虛不實的軀殼，都是為了那層出不窮的欲念。到頭來一切都會落空。所以要真正達到逍遙，便必須無待。所謂無待，並不是逃避一切，而是心中充實，不需要向外求憑藉，求寄託。

五、至人、神人、聖人（〈逍遙遊〉）、真人（〈大宗師〉）

莊子在〈逍遙遊〉中說：

至人無己，神人無功，聖人無名。

又在〈天下〉中說：

不離於宗，謂之天人。不離於精，謂之神人。不離於真，謂之至人。以天為宗，以德為本，以道為門，兆於變化，謂之聖人。

從這兩段話中，可以看出在《莊子》書中，至人、神人、聖人、真人、天人都是屬於理想的人物。不過在《莊子・內篇》中雖然非常推崇聖人，但在〈外〉、〈雜篇〉中卻褒貶參半。事實上，在《莊子》書中，聖人是偏於事功方面，還不是最理想的人物。至於天人在《莊子》書中只出現兩次，一次是在〈庚桑楚〉，一次是在〈天下〉，而且卻只是簡單的提到一句，並沒有詳論。神人除了在〈逍遙遊〉中提到其修養境界外，在其他各篇中也都只是把它看作神靈，而沒有深論。所以在《莊子》書中談得最多，而且都有詳細而具體工夫的，乃是至人和真人。

（一）神人

《莊子》書中的神人，乃是指超脫了物體，完全精神化了的人，如他說：

藐姑射之山，有神人居焉，肌膚若冰雪，淖約若處子，不食五穀，吸風飲露，乘雲氣，御飛龍，而遊乎四海之外。其神凝，使物不疵癘，而年穀熟。（〈逍遙遊〉）

這裡指出神人的工夫就在神凝。神凝是指精神內聚，不為物質所影響。所謂「肌膚若冰雪」等語，雖然為後代道教稱為神仙修鍊的依據，但在莊子原意只是描寫神人的超脫物質的精神。所以神凝乃是指他的完全精神化的境界。可是神凝之後，又如何能使物不疵癘而年穀熟呢？這正同《中庸》上所說的：

喜怒哀樂未發之謂中，發而皆中節之謂和。致中和，天地位焉，萬物育焉。（《中

庸》首章）

這是說人和萬物必須和諧相處，人的所作所為都會直接或間接的影響到自然界。神凝就是精神內聚，不傷害外物，以保持和諧。在和諧中，以助成萬物的變化。

（二）至人

《莊子》書中對至人的描寫很多，有時候至人也兼有神人的意思，如：

> 至人神矣！大澤焚而不能熱，河漢沍而不能寒，疾雷破山風振海而不能驚。若然者，乘雲氣，騎日月，而遊乎四海之外，死生無變於己，而況利害之端乎！（〈齊物論〉）

可見至人的境界和神人的境界是一樣的。不過仔細分析起來，《莊子》書中對神人的描寫都有化育萬物的功能，因他有這種大功，所以才說「神人無功」（〈逍遙遊〉），意思是說不執著於功名。至於對至人的描寫都是就心性上的修養而論，如：

古之至人，先存諸己而後存諸人。（〈人間世〉）

彼且蘄以諔詭幻怪之名聞，不知至人之以是為己桎梏邪！（〈德充符〉）

至人之用心若鏡，不將不迎，應而不藏，故能勝物而不傷。（〈應帝王〉）

夫至人有世不亦大乎？而不足以為之累。天下奮棅而不與之偕。審乎無假而不與利遷。極物之真，能守其本。（〈天道〉）

古之至人，假道於仁，託宿於義，以遊逍遙之墟。食於苟簡之田，立於不貸之圃，逍遙無為也。（〈天運〉）

子列子問關尹曰：「至人潛行不窒，蹈火不熱，行乎萬物之上而不慄，請問何以至於此？」關尹曰：「是純氣之守也，非知巧果敢之列。」（〈達生〉）

從這些徵引中，可以看出至人的境界都是由於心性的工夫而來。所謂「至人無己」（〈逍遙遊〉）就是說至人超脫了形軀，達到真我的境界，使自己和萬物合成一體。這時候根本無畏於生死，無懼於利害。因為只有形體才有生死利害，這個真我和自然同流，以萬物的存在為自己的存在，哪還有生死利害可言？所以至人乃是在心性上達到純粹至真的境界。

㈢真人

在《莊子》書中，真人和至人都是最高的理想，當然是相通的，不過我們如果強加分別，真人都偏於知性方面，也就是說真人的修鍊工夫都就真知上著手。如：

> 且有真人而後有真知。何謂真人？古之真人不逆寡，不雄成，不謩士。若然者，過而弗悔，當而不自得也。若然者，登高不慄，入水不濡，入火不熱。是知之能登假於道也若此。（〈大宗師〉）

這裡很明白的指出真人必須有真知，所謂真知就是我們的知能夠達到道的境界。在《莊子》全書中描寫真人最多，也最具代表性的乃是〈大宗師〉一文。而「大宗師」就是指道，也就是指真人。所以真人是指其知能合乎道的境界。在〈大宗師〉裡還有很多對真人的描寫，如：

古之真人，其寢不夢，其覺無憂。

古之真人，不知說生，不知惡死。

故其好之也一，其弗好之也一。其一也一，其不一也一。其一與天為徒，其不一與人為徒。天與人不相勝也，是之謂真人。

這是說真人的知能夠洞燭事物的真相，所以無求無憂；了解生死存亡的道理，所以不愛生而惡死。他知道自然界均一的性體，因此超越相對，而與道合一。他也知人世間差別的現象，因此與物委蛇，而不強為分別。這都是真人透過了真知而達到天人合一的境界。

在前面談莊子逍遙境界的幾篇文字中，曾說明莊子通向逍遙的境界有知和德兩途。

從知的路子通向真知的是真人，從德的路子達到至德的是至人。但這並不是說真知沒有至德，或至德沒有真知。事實上，真知和至德是交融的，有真知而後有至德，同樣有至德才有真知。所以真人和至人本是一體的，《莊子》書中之所以分真人和至人，原是為了著重點不同的方便說法而已。

六、無用的大用（〈逍遙遊〉）

在〈逍遙遊〉的最後幾段都談到「無用」兩字，如：

歸休乎君，予無所用天下為。

宋人資章甫而適諸越，越人斷髮文身，無所用之。

非不呺然大也，吾為其無用而掊之。

今子之言大而無用，眾所同去也。

以上幾段話，都是寫境界的超越，不作小用。這種無用的觀念，是莊子思想的一個特色。可是也最易被人所誤解、誤用，以為莊子只求無用，只求避世。如在〈人間世〉中所描寫的那株櫟社樹，因為它的木質易腐，沒有被用的價值，反而長得那麼高大。下面是它的一段自訴：

女將惡乎比予哉！若將比予於文木邪！夫柤梨橘柚、果蓏之屬，實熟則剝，剝則辱。大枝折，小枝泄，此以其能苦其生者也，故不終其天年而中道夭。自掊擊於世俗者也，物莫不若是，且予求無所可用久矣！幾死，乃今得之，為予大用。使予也而有用，且得有此大也邪！（〈人間世〉）

這段話提出了無用和大用之間的關係。我們就以樹木的用處來說，便有各種不同的層次。有的當柴燒，有的製桌椅，有的建屋造船，有的美化環境，有的防風防雨。甚至有的既沒有用處，又不美觀的樹木，它們仍然對自然界具有偉大的功能，就是光合作用。以世俗的眼光，往往視建屋造船或美化環境為好的和有用的樹木，而忽略了那無用的樹木的促進生態發展的大功能。所以這種無用之用，才是樹木的大用。

樹木如此，人也是如此。一位詩人、一位哲學家往往被世俗的眼光認為是無用的，也就是說不能生產的，可是他們對人類性靈的提撕卻有極偉大的功能。同樣，一個人的才能也有小用和大用之分。譬如一個數學系的畢業生，一出了校門，便整天在補習班教課，賺了很多錢，以世俗的眼光來看是認為有用。相反的，如果他潛心於數理的問題，在生活上非常清苦，也許被世俗的人認為無用。但前者是浪費了他的才能，後者卻是追求大用。再如一位擅長寫作的人，到處投稿，或大量的創作，贏得了世俗的虛名，但他的著作只投合一般人的口味，而沒有深度。相反的，如果吝嗇筆墨，字字推敲，好像不善於寫作者，畢生也許只能完成一本，或半部作品，可是卻是傳世之作。兩者相比，誰又是真正的大用？

由此我們可以了解，莊子講無用，只是要我們不為小用而消耗精神，浪費生命，而能善盡其才，以發揮真正的大用。這和孟子的「明哲保身」，與《禮記・儒行》所謂的

「愛其死，以有待也。養其身，以有為也」是同樣的道理。

七、〈齊物論〉

《齊物論》是《莊子》書的第二篇。關於「齊物論」三字的解釋，我們在前書中已經討論過，此處不贅。但就全篇的文字內容來說，它和〈逍遙遊〉正好呈現了兩種非常不同的景觀。〈逍遙遊〉好像坐滑梯，一瀉千里，痛快淋漓；而〈齊物論〉好像由山腳下向上爬，到處是崎嶇的山路，到處是峭巖絕壁。

〈齊物論〉是《莊子》書中最重要的一篇，也是最有理論體系的一篇。該篇首先提出「吾喪我」的這個真我，接著強調這個真宰、真君，事實上，也就是真我。然後從現象界的各種是非、生死、美醜、成毀等的相對性，以說明真知乃是照之於天，也就是歸於自然。所謂自然也即是順萬物的自體，因為萬物都各有其真我。最後歸之於人的真我與萬物的真我共化。所以整個〈齊物論〉的血脈乃在於真我。唯有真我，才能去齊物；也唯有物物都具真我，物物才能齊一。

八、吾喪我（〈齊物論〉）

〈齊物論〉一開頭便提出「南郭子綦隱机而坐，仰天而噓，荅焉似喪其耦」的「吾喪我」。我們在前書中也說過這個「吾」是真我，這個「我」是形體的我。但「吾喪我」與齊物又有什麼關係呢？原來人世間一切的勾心鬥角，一切的痛苦煩惱都是由於這個「我」在那裡作祟。這個「我」形成了一個障壁，隔開了人與人之間的真情與了解，這個「我」形成了一個虛妄的中心，使我們變得自私而貪婪。所以莊子在〈齊物論〉中劈頭就要喪我。喪掉了這個我，才能得到真我，才能使我與萬物以真面目相遊。

九、大籟（〈齊物論〉）

在〈齊物論〉中，提到人籟、地籟和天籟。所謂人籟指的是樂器所產生的音樂；地籟指的是自然界的各種孔穴，因風吹過時而產生的各種聲音。至於天籟是什麼？莊子沒有直接解釋，只是問說：

夫吹萬不同，而使其自己也，咸其自取。怒者其誰邪！（〈齊物論〉）

雖然各種不同的聲音，都是由於風吹過不同的孔穴而形成的，但鼓動這個風的又是什麼呢？莊子沒有回答，但我們可以看出那是指天。天是自然的，無聲無息的，所以天籟是沒有聲音的。由於天籟的沒有聲音，才能使萬物各發抒自己的聲音。這就同風沒有自己的聲音，才能吹過不同的孔穴而產生不同的聲音，如果風本身有它自己的聲音，那麼它吹過孔穴時，便都變成了一種聲音。這個天籟正暗示了真我，由於真我沒有我見，才能使萬物自齊。

十、真宰、真君（〈齊物論〉）

〈齊物論〉提到真宰和真君都是描寫同一個本體，如：

是亦近矣，而不知其所為使。若有真宰，而特不得其眹。可行已信，而不見其形，有情而無形。百骸九竅六藏，賅而存焉，吾誰與為親？汝皆說之乎？其有私焉？如是皆有為臣妾乎？其臣妾不足以相治乎？其遞相為君臣乎？其有真君存焉？

在這段話裡，從真宰說到真君，原是一體的，就是真我。這個真我是有實體，而無形體的。它寄存於形骸軀體之內，卻不為形體軀骸所限制。不過在《莊子》書中，僅有這一段話提到真宰、真君，在其他的地方都只是一個真字，如：

如求得其情與不得，無益損乎其真。（〈齊物論〉）

無以人滅天，無以故滅命，無以得徇名，謹守而勿失，是謂反其真。（〈秋水〉）

這個真字是指真性，也就是真我。

十一、道隱於小成（〈齊物論〉）

小成就是少有成就，也即是小知小慧。我們追求道的路程是無限向上的發展，永遠沒有停止的一天。如果一停下來，便是執著，便是小成。《金剛經》中所謂「無所住而生其心」，六祖慧能以此悟道，同時也以「無住」兩字作為中國禪宗頓悟的主要工夫。這種「無住」的思想和莊子「道隱於小成」是異曲而同工的。

莊子這種「道隱於小成」的思想，不僅貫串了整篇〈齊物論〉，也貫串了他整個的思想。所謂生死、是非、成毀、美醜的相對觀念都是執著，唯有打破了執著，才能見道的大全。物之所以不齊，就是由於每物都執著於自己的形骸和才具，就像那跳躍於枝頭的小麻雀，就像那終身被囚禁在枯林中的青蛙，牠們自以為天下之技盡於此，天下之美盡於此，而不知天下之大，這就是小成。由於牠們執著這點小成，驕傲這點小成，於是互相批評，彼此輕視，這就是無法齊一的物論。

在人世間，這種例子很多，莊子所謂：

夫知效一官，行比一鄉，德合一君，而徵一國者，其自視也亦若此矣。（〈逍遙遊〉）

這就一般的知識和才能來說，都是非常有成就的，可是就道的境界來說，卻是極為渺小的。正如德山宣鑒禪師所說：

窮諸玄辯，若一毫置於太虛；竭世樞機，似一滴投於巨壑。

問題不在成就之小，而在執著於這個小小的成就。如果我們對自己的小成就不執著，而能以開放的心靈向上作無限的追求，這便是求道。相反的，如果得到了一點小成，便沾沾自喜，這點小成非但不是將來成功的鋪石，反而成為障礙。

我們非但不應該對目前的小成驕傲、自滿，而且有時還應該予以揚棄。譬如報紙上寫方塊，每日一篇，而且擁有廣大的讀者，這在寫作上算是有點小成了。如果不能突破這一點成就，那麼一輩子只能寫方塊，永遠也寫不出大文章，再譬如第一本小說轟動一時，而以後的所有作品都是依循著這本處女作的格式，而不能另創新的風格。那麼所有的作品都是第一本成名作的影子，只是量的增多，而不是質的提昇，只是多產，而不是創作。又譬如我們寫一篇文章，其中有一段文字非常出色，可是就全文來說卻不相稱，如果我們不忍割愛，這一段文字也許就成了這一篇文章的敗筆。這些例子都說明了我們對以往的一點小成就必須看得破，丟得開，這樣才能有新的成就，才能有更高的境界。

十二、莫若以明（〈齊物論〉）

莫若以明就是不如「以明」的意思，這個「明」字在《莊子》書中用得很多，有許多地方都當作動詞用，並無深意。值得我們注意的是在〈齊物論〉中有三處具有特殊意義的「明」字，如：

故有儒墨之是非，以是其所非，而非其所是，欲是其所非，而非其所是，則莫若以明。

是亦一無窮，非亦一無窮也，故曰莫若以明。

是故滑疑之耀，聖人之所圖也。為是不用而寓諸庸，此之謂以明。

這三段文字都是要揚棄是非的知見。第一段話批評各家學說的拘囿於自己的見解，而以別家為非。第二段話說明是非的相對，沒有定論。第三段話指出聖人所鄙棄的是那些專講詭辯的小知小慧。這三段話結尾都強調「以明」。所謂「以明」就是本之於這個明。這個「明」是大知之明。《老子》說：「知常曰明」（第五十五章），也就是說知道永恆的真理是明。所以這個明是內心的徹悟，是真知，是智慧。

十三、因是已（〈齊物論〉）

〈齊物論〉中在緊接著三次「莫若以明」之後，便提到「因是已」，一共有四次，如：

是以聖人不由，而照之於天，亦因是也。

為是不用而寓諸庸。庸也者，用也；用也者，通也；通也者，得也；適得而幾矣。因是已。

名實未虧，而喜怒為用，亦因是也。

自無適有以至於三，而況自有適有乎？無適焉。因是已。

這幾處「因是已」都緊跟著「莫若以明」而來，可見「因是已」是「莫若以明」的進一步解釋。「莫若以明」是指不墮於是非的相對性中，而歸於智慧之明。可是如何去本於這個明呢？這並不是說用自己的「自以為明」，因為「自以為明」就是成見、執著，也即莊子所說的「為是」。莊子的意思是要我們「為是不用」，而因萬物的真是。也就是說丟開我們自己的經驗、成見、判斷，而順乎萬物的本然。山高水深，花紅柳綠，大鵬小雀，都各有各的真性，各有各的境界。我們對於每樣事物，都還它們一個本來面目，這才是真正的知，真正的明。

在以上四段中，第一段是說聖人不執著於是非，而本之於天道的自然。第二段是說不偏於一面，而本之於是否真有用，真有所得。第三段是說不惑於名相，而直證本體。第四段是說心中沒有一點成見，而順物的自然。所以綜合這幾段看法，「因是已」就是任物自然，不強為分別的意思。

十四、一（〈齊物論〉）

在《莊子》書中，這個「一」字用得很多，除了那些僅當作數目之用，而沒有哲學意義的一字之外，莊子所謂的「一」，多半是指在道體中，萬物齊一的境界。以下就〈齊物論〉一文中所談到的「一」來看，如：

> 為是舉莛與楹、厲與西施、恢恑譎怪，道通為一。其分也，成也；其成也，毀也。凡物無成與毀，復通為一。

這是指萬物以其個別的立場雖有成毀，但以道來看，卻是一體的。譬如伐木而製成器具，對木來說是毀，對器來說是成，但就整個宇宙來說，只是形式的改變，而無成毀可言。

又如：

> 天地與我並生，而萬物與我為一。既已為一矣，且得有言乎。既已謂之一矣，且得無言乎？一與言為二，二與一為三，自此以往，巧歷不能得。

這是指萬物與我在道體上是本一的，可是我們用文字語言說它是一，已經落於相對，也就是變成本體的一和觀念的一。如果我們又在思想上去求合一，這又更添一種執著而為三了。莊子這段話的意思就是說萬物與我本來就是一體的，如果我們有個「一」的觀念，這個「一」已變成了相對的觀念而不是道體，如果我們還要去求合一，這實在是多此一舉，平添障礙。正如莊子所說：

因是已。已而不知其然謂之道。勞神明為一而不知其同也，謂之朝三。

如果我們能順萬物的本真，正同「魚相忘於江湖」，這就是道。活在道之中，也就根本不知有道。可是當我們自己脫離了道，就像魚兒掙扎在魚鋪內，以口沫相濡。這時拚命要求和道合一，愈要求，也就愈分離。

從以上所述可以看出莊子所謂的一，乃是指人和天，或人和道的本一的境界。這和老子所謂的「一」，是從道的作用來說，是有所不同的，如老子說：

道生一、一生二、二生三、三生萬物。（第四十二章）

昔之得一者，天得一以清；地得一以寧；神得一以靈；谷得一以盈；萬物得一以生；侯王得一以為天下貞。（第三十九章）

莊子是通「一」以歸體，而老子則是得「一」以為用。

十五、天鈞（〈齊物論〉）

天鈞，即天均，也就是天的均平、均衡的意思。莊子說：

聖人和之以是非，而休乎天鈞，是之謂兩行。（〈齊物論〉）

所謂兩行，用現在的話來說，就是雙行道，而不是單行道。單行道只能朝一個方向去，去而不能回。雙行道則可以去，也可以回。

以中西哲學作譬喻，西方哲學往往走的是單行道。如唯物論、唯心論，不是只認定天下唯物，便是只承認萬物唯心。至於其他唯實論、唯名論、邏輯實證論、實存論等都是如此，他們只執著一種標準，以此而評斷一切的是非。中國的哲學卻不然，我們講中庸，講中和。論陰陽，則求陰陽和諧；論天人，則求天人合一；論心物，則認心物為一體。一方面致高明，入形而上之域，一方面又道中庸，從下學做起。就拿思想路線有點相似，而被近代學者常相提並論的莊子和尼采來說，尼采講超人，一超直上，上而不能下，於是罵世俗，罵基督徒，罵女人。莊子雖然也善於嘲罵，但他所罵的是貪欲。莊子的至人或真人，是在心性上下工夫。雖然也能干雲直上「獨與天地精神往來」，但也能與世俗處，而「不敖倪於萬物」（〈天下〉）。

莊子這種天鈞的觀念，對外來講，就是指天道的均衡，或自然的和諧，用現代科學的術語來說，也就是生態的中和。對內來講，就是保持心的中和，不因外界的刺激而「喜怒為用」。再進一步說，莊子所謂「休乎天鈞」，也就是使內心和萬物保持和諧，而達到我與萬物相融共化的境地。

十六、道未始有封（〈齊物論〉）

「封」是封疆，也就是界限的意思。「道未始有封」這句話有兩層意義，一是指道本身沒有界限，它是無限發展的，也是無窮開放的，所以在時間上來說，它是永恆的；在空間上來說，它是無所不在的。一是指道的作用是沒有分別性，因為有分別就有彼此，有彼此就有是非，而道是超越是非的，所以沒有任何界限。

然而在這裡有一個問題，道如果沒有分別性，不知是非，豈不是變得糊塗，變成混亂一片了嗎？並不如此，道的沒有分別性是說道本身沒有是非的執著，也就是道沒有先存著一種是非標準去對外物作判斷。外物如果合道則生，不合道則亡，這一切都由於它們的自取。正如魚相忘乎江湖，而江湖之水對魚來說，卻沒有因大魚小魚的不同而厚此薄彼。但哪條魚兒離開了水，一切都由於牠咎由自取。水只是無限的施捨，沒有分別心。道也是一樣，它是絕對至善的（此善不是相對性善惡的善，相對性的善，是由某一種標準的判斷而得），只要任何人或物合乎道，道便使其生存，所以說道的作用是沒有一點分別心的。

十七、道昭而不道（〈齊物論〉）

道本來是開放的，非常明白的，但它的作用，有時候又是實若虛，隱若無的。如果行道可以得到好處，這道理是那麼清楚，好像把錢存在銀行中，每月就可以得到多少利息，一文不少的話，那麼大家把行道當作牟利，道便變成了求利的工具，那還有什麼道可言。道之可貴就貴在它的好處是遠程的，是不易看見的，而且不一定是肉體上的。所以我們行道不一定就馬上能兌現它的好處。行或不行，完全看我們是否有更高的理想，更大的心願。道絕不像推銷員一樣，為我們說盡一切的好處，引我們入殼，道就是那麼若隱若現的，讓我們自己去決定。

十八、不緣道（〈齊物論〉）

這裡所謂緣，是指攀緣的意思。也就是說我們的行道一切發乎自然，如果把道當作工具，這是利用道，這個道也就不是真正的天道。如果我們把道當作一個偶像來依賴，而忘了自己的努力，這也不是真正的道。

禪門中有這麼一個故事。有一次德山宣鑒禪師隨侍龍潭崇信禪師，當時天色很晚，德山準備回屋休息，可是發現路上很黑，便回來向龍潭借燭光，龍潭拿了一支紙燭送他到門口，當德山正準備去接這支紙燭時，龍潭突然把火光吹熄，而把門一關，把德山關在門外。這時德山面臨著外界的漆黑一片，沒有一點燭光，反而大悟了。假設龍潭把紙燭遞給德山，德山依靠了這點火光，走回家去，當然是跟往常一樣，一宿無話。可是偏偏龍潭惡作劇似的，把這支紙燭吹熄了，由於外界沒有一點可攀緣的，於是德山內在的火燭才真正的點燃了起來，這時他才真正發現路是人走出來的，一切都要靠自己去走。

莊子所謂「不緣道」的意思，也就是不要把道當作外在的燭光一樣去依賴它，不要把道當一個偶像來信仰。因為道是由自己行出來的。

十九、天倪（〈齊物論〉）

「倪」是端倪，也就是真際的意思，「天倪」就是指天道的真際。莊子自己的解釋是：

何謂和之以天倪？曰：是，不是；然，不然。是若果是也，則是之異乎不是也，亦無辯。然若果然也，則然之異乎不然也，亦無辯。……忘年忘義，振於無竟，故寓諸無竟。

這段話是說：天道的真際，就是真知真是。「和之以天倪」就是和天道合一的意思。這時，一切順乎天道，忘言、忘年、忘義，也就是超越了一切的相對執著。我們的心行於無窮之境，也寄於無窮之境，也就是因萬物的真是，與萬物而共化。

廿、物化（〈齊物論〉）

物化是莊子思想中的一個重要觀念，也是整個〈齊物論〉的結語。對於物化，莊子曾以蝴蝶夢為譬喻說：

昔者，莊周夢為胡蝶，栩栩然胡蝶也，自喻適志與，不知周也。俄然覺，則蘧蘧然周也。不知周之夢為胡蝶與，胡蝶之夢為周與，周與胡蝶，則必有分矣，此之謂物化。（〈齊物論〉）

關於這段話的重點，在前書〈逍遙的莊子〉章中已分析過。莊子在〈齊物論〉首段提出「吾喪我」，在結論談「物化」，可見「吾喪我」和「物化」是前後呼應的。唯有真我才是物化的主體，也唯有超脫了形體的我，萬物與我才能以各自的真我共遊。所以物化並不是使我們向下墜落，變得和物一樣的，相反的，卻是使萬物都提昇了上來，與我共遊。

廿一、〈養生主〉

這是《莊子》書的第三篇。該篇討論養生之道重在養神。所謂「養生主」，就是要修養這個生命的主體。

一般來說，我們都只注意到軀體的生命。我們羨慕那些長壽的人，我們希望活得像他們一樣長，可是研究他們的長壽之術，往往使我們感覺迷惑。因為每個人都有一套他們自己的生活習慣，有的喜歡素食，有的卻不戒葷腥，有的根本不知道什麼是長壽之術。

《莊子》曾有一段故事說：

威公曰：「田子無讓，寡人願聞之。」開之曰：「聞之夫子曰：『善養生者若牧羊然，視其後者而鞭之。』」威公曰：「何謂也？」田開之曰：「魯有單豹者，巖居而水飲，不與民共利，行年七十，而猶有嬰兒之色，不幸遇餓虎，餓虎殺而食之。有張毅者，高門縣薄，無不走也，行年四十，而有內熱之病，以死。豹養其內，而虎食其外；毅養其外，而病攻其內，此二子者皆不鞭其後者也。」（〈達生〉）

這段故事裡，張毅只注重外在的物質享受，而傷害了內在的生命。單豹卻只注重內在的修養，而忽略了外在的環境。總之兩者都各有所偏，不能內外兼顧。莊子所謂鞭其後者，是指牧羊時，只用鞭驅策那走在最後面的一隻羊，也就是說鞭子要用在恰當好處的地方。這最後的一隻羊就是象徵我們生命的主體，即是精神。

〈養生主〉所要養的就是精神。如果能把握住精神，我們既不會依靠外在的物質，如過份營養的物品，或維他命之類的補藥來加強自己的軀體；也不需要排斥一切的物質，以避世的態度來攝生。我們只要在精神上能夠清心寡欲，在軀體上一切順乎自然，合乎中道，則自然能夠無入而不自得。

廿二、為惡無近刑（〈養生主〉）

在〈養生主〉第一段中提到三句養生的最重要的話，即：

為善無近名，為惡無近刑，緣督以為經。

關於「緣督以為經」一語，放在後面再論，此處我們談談前面兩句。「為善無近名」這句話一看就能了解，但我們如果把「為善」的為字當作「行」或「做」來解，那麼下面一句「為惡無近刑」便解不通，因為莊子是要人善惡雙忘，又如何可能勸人「為惡」，告訴人可以為惡，只要做到不近刑。所以此處的兩個「為」字，不宜當作「行」或「做」解。而應當作「為了」或「對於」解，如為名、為利。因此「為惡無近刑」可以解作對於罪惡要小心，不要使自己因它而受到刑累。但這與養生又有什麼關係？在社會上，作奸犯科，遭受刑罰的人畢竟不多，那麼我們這些大多數不受刑累的人，是否就能養生呢？這個答案顯然不是肯定的，所以「為惡無近刑」與養生的關係還有深一層的意義。

首先說這個惡字，此處的惡不只是指有罪的行為，而是泛指一般的欲望，和罪惡的引誘。如莊子說：

> 方今之時，僅免刑焉。福輕乎羽，莫之知載；禍重乎地，莫之知避。已乎已乎！臨人以德。殆乎殆乎！畫地而趨。迷陽迷陽！無傷吾行，吾行郤曲，無傷吾足。
>
> （〈人間世〉）

所謂「禍重乎地」，就是指到處是罪惡的陷阱，這些因罪惡所造成的禍患就像地那麼厚，那麼無邊。也就是說在我們周圍的都是這些罪惡禍患，如酒、色、財、氣等。再說這個刑字，在《莊子》書中有三種意義：一是天刑，二是外刑，三是內刑。所謂天刑是指天的刑罰，如：

是遁天倍情，忘其所受，古者謂之遁天之刑。（〈養生主〉）

天刑之，安可解？（〈德充符〉）

這是指我們的死生，或形體上的殘缺等都是天所安排的，因此我們只有安之若命。不必對抗，也無法躲避。「為惡無近刑」的刑顯然不是指天刑。

至於外刑和內刑，前者是指犯了罪，遭受法律的制裁；後者是指做了錯事或因貪欲而引起內心的不安與憂慮。如莊子說：

為外刑者，金與木也。為內刑者，動與過也。宵人之離外刑者，金木訊之。離內刑者，陰陽食之。夫免乎外內之刑者，唯真人能之。（〈列禦寇〉）

「為惡無近刑」的刑就是指此處所謂的內刑與外刑。在養生上尤其是指內刑。所以這句話的意思，也就是說身處在各種罪惡的引誘和欲念的包圍中，我們千萬要小心不使自己的內心遭受到內刑，而有不安與憂患。這才能真正的養神。

廿三、緣督以為經（〈養生主〉）

督是指頸中央的脈，有中和虛的意思。所以這句話常被解作以中道為法則，或以虛寂為法則。當然這樣的解釋並無不可。如果把中道解作超是非，及保持心的和諧，這與莊子的思想也並無不合。不過莊子既然此處是指中或虛，為什麼不直言緣中以為經，或緣虛以為經，卻特別指出一個督字來。據陳壽昌的注解是：

> 緣，順也。督，督脈。經，猶徑也。督脈下貫尾閭，上通泥丸，鍊氣開關，以此為徑路。（《南華真經正義》）

這段話顯然摻雜了道家修鍊之術，雖然莊子思想中並沒有濃厚的這方面思想，但單就〈內篇〉來說，其中仍有許多線索如坐忘、心齋、朝徹等，可以看出莊子不只是在思想上下工夫，而且在心身上還有一套實際的修養。試想一位像莊子那樣整天與山林為伍，與鳥獸同遊的隱士。他既不須勞形於案牘，也不願埋首於經籍。因此他有太多的空暇可以從事實際的修鍊。在莊子的書中，我們只看到他談天人相合，自然同化。但莊子又豈是一位只知口談，只懂觀念遊戲的舞文弄墨者？從他運用的某些修鍊方面的術語中，可以看出他在這方面有著實際的體驗和了解，但他的高明乃在於他並沒有過份強調這方面的工夫。這和孔子雖然精通《易經》，但卻罕談性與天道是同一的道理。他們都是深怕後人執著，走入了歧途。事實上，後來《易經》的流於術數，道家的雜於方術，這都是孔子和莊子所始料未及的。

廿四、懸解（〈養生主〉）

對於生命的看法，莊子似乎和佛家有相同的觀點，都是認為生命如果為生死所限，這是一大悲劇，莊子曾說：

> 一受其成形，不亡以待盡。與物相刃相靡，其行盡如馳，而莫之能止，不亦悲乎！終身役役，而不見其成功，薾然疲役，而不知其所歸，可不哀邪！（〈齊物論〉）

這是由於生命的結局註定會死，對於這個悲劇沒有人能例外。所有的宗教都是為這個問題而立，所有的哲學家都有他們各種不同的方法來處理這個問題。莊子對於這個悲劇的態度乃是不執著形體的生命為生命，一方面順乎自然，一方面化於自然。他說：

> 適來，夫子時也；適去，夫子順也。安時而處順，哀樂不能入也。古者謂是帝之縣解。指窮於為薪，火傳也，不知其盡也。（〈養生主〉）

所謂「安時而處順，哀樂不能入」，這是順乎自然，也就是說認定死生有命，而不強求，一切聽其自然。這是以一種達觀的心情來處理這個問題。所謂「火傳也，不知其盡也」，這是化於自然，也就是說了解形體的生命乃是宇宙生命的一個小小環節，軀體的死亡只是變化的一端而已，我們生命的本真乃是整個宇宙的大化。如果我們能體現這個生命的本真，我們便能和自然同化，根本沒有生死的問題，當然也就沒有生死的痛苦和煩惱。

廿五、〈人間世〉

這是《莊子》書的第四篇。本篇前面三段描寫與人君相處的方法，表面上好像是談政治上的處世之道，事實上，乃是強調修心的工夫，如第一段的要點在心齋，做到虛其心。第二段的要點在「乘物以遊心」，就是順應萬物。第三段的要點在「心莫若和」，以保持與物和諧。接著後面三段都是描寫以無用來保生。最後一段是結論，點出「無用之用」。

就整篇的系統來說，本篇不像〈逍遙遊〉、〈齊物論〉和〈養生主〉那麼嚴整，那麼思路綿密。但我們從每段討論的要點中可以看出處人間世的方法，表面上雖然是無用，但並不是真正變成毫無用處的廢物，而是在內保持心的和諧，而不為外物所用，以達到無用的大用。這才是〈人間世〉的真旨。

廿六、心齋（〈人間世〉）

「心齋」是莊子思想中的一個重要的修養工夫，據他的描寫是：

若一志，無聽之以耳，而聽之以心，無聽之以心，而聽之以氣。聽止於耳，心止於符。氣也者，虛而待物者也。唯道集虛。虛者，心齋也。（〈人間世〉）

這段話有兩個重點，一是「聽之以氣」，一是「虛而待物」。所謂「聽之以氣」，就是心順乎氣的自然。因為聽之以耳和聽之以心都是向外有所攀緣，有所執著。而氣和心不同，氣本身無欲，心卻是有欲的，所以聽之以氣，實際上，就是不用耳官、心官去聽，也就是無聽。這是心齋的工夫。所謂「虛而待物」，是指心齋雖然是使心虛，但此心虛並不是心的斷滅，而是在心中的欲念空了之後，這個心反而更能反應外物的真實。

這種心齋的工夫相當於佛家禪定的境界。禪定也是使心中沒有欲念。等到沒有欲念之後，心中定而生慧，莊子的心齋也是如此。他說：

虛室生白，吉祥止止。夫且不止，是之謂坐馳。（〈人間世〉）

虛室就是指虛心。心中欲念虛了之後並不是漆黑一片，相反的，卻產生光亮，這光亮就是智慧之光。所謂「吉祥止止」就是指智慧的產生。如果只有定而沒有慧，只有虛而不能應物，便是坐馳，也就是精神散失，了無生機的枯坐。

廿七、德蕩乎名（〈人間世〉）

在《莊子》書中，這個「德」字用得很多。大致說來，莊子所謂德也和老子的德一樣，是道的用，是內在的心性。關於德的運用，在〈人間世〉中曾提到三次。如：

且若亦知夫德之所蕩，而知之所為出乎哉？德蕩乎名，知出乎爭。夫支離其形者，猶足以養其身，終其天年，又況支離其德者乎？已乎已乎！臨人以德。殆乎殆乎！畫地而趨。

所謂「德蕩乎名」，就是說德是內在的心性。如果一為了名，這個純淨的德性便被破壞了，而不是真正的德。所謂「支離其德」，是說明不要向外誇示自己有德。所謂「已乎已乎！臨人以德」，也是指出拿自己以為有德的眼光來評判別人，這是非常危險的。

舉個例說，朋友之間的勸善，如果你只拿著道德教條去直訴朋友的不是，或以你自己的有德去批評朋友，使其相形見絀，這是很難達到規過的目的，同時也顯出你自己沒有真正的誠意。相反的，你應該先丟開那套道德教條，撤去你和他之間的樊籬，站在他的立場去了解他，同情他，然後再慢慢的引他走入正道。正如莊子在〈人間世〉第三段中描寫如何去勸諫那位頑皮的衛靈公太子。他的天性好殺，如果直接批評他，恐怕有殺身之禍，如果一味的順從他，則又助長了他的惡行。因此先必須抓住他的性向，和他打成一片，如：

彼且為嬰兒，亦與之為嬰兒；彼且為無町畦，亦與之為無町畦；彼且為無崖，亦與之為無崖，達之入於無疵。（〈人間世〉）

這也就是說了解他的心理，站在他的立場。正同孟子勸齊宣王行仁政，宣王推辭說自己好色、好貨，孟子非但沒有板起臉孔來教訓，反而說好色、好貨沒有關係，然後再告訴宣王須使人民都能滿足應該有的色和貨。莊子的意思正是如此，他說：

形莫若就，心莫若和。雖然，之二者有患。就不欲入，和不欲出。（〈人間世〉）

這是說在外面要和對方表示非親近，好像完全站在他的立場，可是內心卻要保持德的和諧。不過在外面的親近只是拉攏彼此的距離，而不是說你被他所左右，和他同流合污。

至於內心的德之和，雖然使你不為物遷，但卻不宜表現於外，以德臨人。

這種外與世俗處，而內心保持德之和的工夫，正是莊子處人世間而能逍遙遊的方法。

廿八、〈德充符〉

這是《莊子》書的第五篇。所謂「德充符」是指德充於內而符於外。關於德是否充符的問題，大致有以下幾種情形：

有一種人是內既不充，外也不符。也就是說內外都沒有德行，這是完全無德之人。

另有一種人是內不充，而徒求符於外。也就是說內無真德，而在外面卻裝成道德模樣，這就是偽君子。

再有一種人是內雖有德，卻不能符於外，也就是說他們的德行是封閉的，獨善其身的。

以上三種人都不是莊子所謂的有德之人。莊子所謂的「德充符」乃是內在有德，而不求顯耀，卻很自然地能符於外。在〈人間世〉全文中，莊子描寫了許多外表上非常醜陋，和殘缺不全的人，如兀者王駘、申徒嘉、叔山無趾和哀駘它等。就他們的相貌來說，都不能符合世俗的要求，可是他們內在之德的充實而溢於外，猶如和暖的春風，使人陶醉，非但令人不感覺其外貌的醜，反而樂於追隨他們，和他們共遊。

這種內在充實而不求於外的德，是莊子所理想的德，也是〈德充符〉一文的精神所在。

廿九、不與物遷（〈德充符〉）

這是寫精神內聚（神凝），德性充實（德充），而不受外物的影響，這是一種定的境界。不過這種定不只是寄託在形體的打坐方法上，而是完全出於德性的修養工夫。《莊子》書中說：

> 死生亦大矣，而不得與之變。雖天地覆墜，亦將不與之遺。審乎無假，而不與物遷。命物之化而守其宗也。（〈德充符〉）

在這段話裡，我們要特別注意「審乎無假」一語。審就是了解、認清。「無假」即是真，也就是指真性、真我。如果我們真能認清自己的真我之後，自然不會被外物所左右。而且能操之在我，以支配萬物的變化，所謂「物物而不物於物」（〈山木〉）。

莊子這種「不與物遷」的思想，後來影響到僧肇，寫下了那篇不朽的〈物不遷論〉。如他在結論中說：

> 然則乾坤倒覆，無謂不靜。洪流滔天，無謂其動。苟能契神於即物，斯不遠而可知矣。（〈物不遷論〉）

所謂「契神」，就是「審乎無假」，所謂「即物」，是指了解萬物的真性，這與莊子「命物之化而守其宗」的意思是相通的。

卅、才全而德不形（〈德充符〉）

這句話是〈德充符〉一文的眼目，什麼是才全，該文說：

死生存亡，窮達貧富，賢與不肖，毀譽飢渴寒暑，是事之變，命之行也。日夜相代乎前，而知不能規乎其始者也。故不足以滑和，不可入於靈府，使之和豫通，而不失於兌，使日夜無郤，而與物為春，是接而生，時於心者也，是之謂才全。

所謂才全是指應變之才的完美，也就是德性之用。由於死生存亡窮達貧富等是外在的變化，這是屬於命的範圍，不是我們人力所可強求的，也不是我們智力所能了解的，對於這些，我們只有安之若命，不要因它們而影響到內心的和諧。我們要時時保持心中的和悅，與外物相交，而沒有一點嫌棄的差別心。正如無門和尚所說：

春有百花秋有月，夏有涼風冬有雪；若無閒事掛心頭，便是人間好時節。（〈無門關〉）

也就是處任何時節，都像春天一樣的美好，這就是德性之用，無時而不好。

什麼是德不形，該文說：

平者，水停之盛也，其可以為法也。內保之而外不蕩也。德者，成和之修也。德不形者，物不能離也。（〈德充符〉）

這段話以水平為例。靜止的水，是它自己的靜止，本與別人不相關，但由於它絕對的平，而萬物都以它為法則。同樣，對於德性的修養，這本是個人心性的工夫，但由於心性達到和諧的境界，表現於外的，也是一片和融，使萬物易於親近。所以德真正的充於內，很自然的便會符於外，和萬物融成一片。

卅一、無 情

關於聖人是否有喜怒哀樂的情感，這是魏晉玄學家們清談的一個熱門問題。何晏認為聖人沒有喜怒哀樂，王弼反對，而留下了一段佳話：

何晏以為聖人無喜怒哀樂，其論甚精。鍾會等述之。弼與不同，以為聖人茂於人者神明也，同於人者五情也。神明茂，故能體沖和以通無；五情同，故不能無哀樂之應物。然則聖人之情，應物而無累於物也，今以其無累，便謂不復應物，失之多矣。（《三國志・魏書・鍾會傳》）

何晏的論聖人無喜怒哀樂，雖然我們不得其詳，但顯然是掇拾一般所謂「太上忘情」的看法，而王弼的思想卻是深契於莊子的精神，在〈德充符〉中便有一段和惠施討論無情之旨的對話：

惠子謂莊子曰：「人故無情乎？」莊子曰：「然。」惠子曰：「人而無情，何以謂之人？」莊子曰：「道與之貌，天與之形，惡得不謂之人。」惠子曰：「既謂之人，惡得無情。」莊子曰：「是非吾所謂情也，吾所謂無情者，言人之不以好惡內傷其身，常因自然而不益生也。」惠子曰：「不益生，何以有其身？」莊子曰：「道與之貌，天與之形，無以好惡內傷其身。今子外乎子之神，勞乎子之精，倚樹而吟，據槁梧而瞑，天選子之形，子以堅白鳴。」

這段話裡，莊子很明白的表示他之所謂無情並非沒有真正的情感，當他妻子死時，起先他哀傷而泣，後來他鼓盆而歌，這都是真情的流露。像這種哀樂是人之常情，並不是莊子所謂「以好惡內傷其身」的情。雖然他在〈養生主〉一文中曾批評那些弔唁老聃之死的人說：

向吾入而弔焉，有老者哭之，如哭其子；少者哭之，如哭其母。彼其所以會之，必有不蘄言而言，不蘄哭而哭者，是遁天倍情，忘其所受，古者謂之遁天之刑。

〈養生主〉

他這話也只是勸人了解生死有命，不要過份傷心而已。

總之莊子對情的看法，並不是一味的要絕情，要斷情，而是勸我們雖然面臨喜怒哀樂之事，但卻不因它們而憂慮，而傷神。

卅二、〈大宗師〉

這是《莊子》書的第六篇。題名〈大宗師〉是指大道可為我們的宗師。本文一開首便提出：

知天之所為，知人之所為者，至矣！知天之所為者，天而生也。知人之所為者，以其知之所知，以養其知之所不知，終其天年而不中道夭者，是知之盛也。

這是說我們要取法於道，以道為宗師，必須知天之所為，和知人之所為。所謂知天之所為，就是天人合一，一切順乎自然。所謂知人之所為，就是拿自然之道來修養心性，以保全生命的本真。

本文接著共有四段都是討論真人，以托出天人合一的道的境界。然後再描述如何遊於道體，及入道的工夫。遊於道體，就是相忘於道體，而入道的工夫就是一個忘字。本文的整個精神就在一個忘字，要我們忘古今、忘內外、忘仁義、忘運命，而具體的修鍊就是坐忘。

本文一開始揭出一個知天知人的知，可是到了後來卻提出一個忘字。如果我們能把握住莊子這個知和忘的關係，以及了解如何由知到忘，和由忘到知的一段工夫，我們就能抓住本文的精神，而以大道為宗師了。

卅三、不以心捐道（〈大宗師〉）

莊子說：

不忘其所始，不求其所終。受而喜之，忘而復之。是之謂不以心捐道，不以人助天。（〈大宗師〉）

這個「捐」字本有兩義，一是拋棄的意思，如捐棄，一是貢獻的意思，如捐助。這兩層意思正好相反。雖然在這段話裡的「不以心捐道」，兩層意思都可用得通，但卻有淺深的不同。

一般的注釋都把這個「捐」字當作棄字解，是說我們的心不要捨棄道，不要忘了道。這意思非常淺顯，而乏深趣。並且，和後面的「不以人助天」不甚銜接。如果把這個「捐」字當作貢獻解，卻境趣立現。因為我們一般人的通病，往往有兩種：一種是根本不知道，或破壞道，也就是說以人滅天。另一種是有意求道，而過份執著。在自己心中去構搭道，以為道是如何如何，這就是以人助天。莊子此處就是針砭後面這種人，雖然他們並沒有作惡，而違反天道，但他們的貪生怕死，只求長生，而不肯聽任自然，也是違反了天道。如莊子說：

夫大塊載我以形，勞我以生，佚我以老，息我以死。故善吾生者，乃所以善吾死也。今大冶鑄金，金踊躍曰：「我且必為鏌鋣。」大冶必以為不祥之金，今一犯人之形，而曰：「人耳，人耳」，夫造化者，必以為不祥之人，今一以天地為大鑪，以造化為大冶，惡乎往而不可哉！成然寐，遽然覺。（〈大宗師〉）

這種眷戀形體的生命，只願做人，而不肯隨著自然的變化，死而為物的，顯然是一種執著。這是不了解自然大化的真正意義。

如果我們再進一步去看，不僅對於生命的貪戀是一種執著，同時，對於道的過份欣羨，也是一種執著。因為這個道本是自然，一有欣羨，便有區別之心，便拿自己的意想加諸於道之上，而以為道必須如此如此，這便把道過份形而上化，而失去了道在人物上的基礎，失去了道的自然本色，於是便造成了道和人物之間的割裂。這樣，先把天和人分割了開來，又再求天人合一，豈不是在自設圈套，自掘陷阱。莊子說：

天與人不相勝。（〈大宗師〉）

也就是說不要把天看得太高，而與人脫節。這就是「以心捐道」，「以人助天」。事實上，天人本一，只要我們順乎自然，道就在目前。莊子這種思想，被後來的禪宗大加發揮，而形成「平常心是道」的中國禪宗的精神。

卅四、兩忘而化其道（〈大宗師〉）

所謂「兩忘」，本指是非兩忘。但引申來說，可指一切相對的現象，如生死、成毀、榮辱等。莊子說：

泉涸，魚相與處於陸，相呴以溼，相濡以沫，不如相忘於江湖，與其譽堯而非桀也，不如兩忘而化其道。（〈大宗師〉）

照一般的情形來說，我們應該是是而非非，譽堯而非桀。如果我們要是非兩忘，豈不是不分是非善惡了嗎？其實是非兩忘和不分是非的意義有別。普通我們指一個人不分是非就是指他以是為非，或以非為是。莊子所謂是非兩忘，正是針對這種毛病。這個忘不是忘記的意思，而是超越。這種相對的是非，乃普通我們觀念上或意見上的是非，沒有絕對的標準。唯有超越了這種相對的是非，才有真「是」，而無「非」。這是真知，這才是大道。

「兩忘而化其道」的意思，就是說我們具有真知，或活在道的境界中，根本不為這些是是非非的意見所困擾。這就同魚兒悠游在江湖之中，卻不知道有水，等到一旦離開了水面，才汲汲於求一點水以活命。同樣，如果在道的境界中，所見的萬物都是他們的「本地風光」、「本來面目」。所以沒有不是，沒有不善，因此也就不感覺什麼為是、什麼為善了。

卅五、藏天下於天下（〈大宗師〉）

人的一個通病，就是喜歡藏。像那林間的松鼠，在地上撿到一顆果子，便趕緊把它藏了起來。人也是一樣，在街上看到好吃的、好穿的東西，便要把它們買下來，藏在家中。看到漂亮的女人，便想築金屋以藏之。看到美麗的汽車、洋房，便要想盡方法，把它們藏在自己的名下。這種藏的本能就是人類的佔有欲。可是藏得住嗎？縱然能藏得一時，到頭來還是要歸於自然。即使連這個區區的臭皮囊，也藏不了，何況身外之物，所以莊子說：

> 夫藏舟於壑，藏山於澤，謂之固矣！然而夜半有力者負之而走，昧者不知也。藏小大有宜，猶有所遯。若夫藏天下於天下，而不得所遯，是恆物之大情也。（〈大宗師〉）

把船藏在深谷裡面，把山藏在大海裡面，這總該安全吧！可是宇宙的變化，滄海變桑田，桑田變滄海，仍然是藏不住。所以唯有把天下藏於天下，才真正的沒有人偷得了。而把天下藏於天下，就是不藏。唯有不藏才能無遯。唯有不想佔有萬物，萬物才真為我所有。唯有把我的生命托於自然，才真正能跳脫生死的鎖鍊。

卅六、坐忘（〈大宗師〉）

坐忘是莊子思想中的一個重要工夫。在〈大宗師〉裡曾替坐忘兩字描寫說：

> 墮肢體，黜聰明，離形去知，同於大通，此謂坐忘。

這種坐忘和佛家的禪定相似，不過在這裡值得我們注意的是「同於大通」一語。單單「墮肢體，黜聰明，離形去知」，只是做到忘我，忘是非的境界，但如果只及於此，便很容易走入枯坐的路子，並不是真正的入道。莊子特別強調「同於大通」，大通本是大道，而此處不言道而言通，乃是指內外的溝通，使我們的心超脫了形軀的限制，而與萬物共化。所以坐忘不只是要忘我，忘是非，而是要達到「天地與我並生，萬物與我為一」的境界。

卅七、〈應帝王〉

這是《莊子》書的第七篇。從題目上來看本篇是談帝王的問題，應屬於政治的範圍。但本文的題目是「因應無心乃帝王之德」的意思，全文並未涉及實際的政治方法，而都是談聖王、明王的心性修養。

本文一開始便提出不應「藏仁以要人」。所謂「藏仁以要人」就是高標仁政以招徠人民，而在末段卻藉渾沌之帝被鑿七竅而死，以喻用知的不當。這種論調和《老子》「絕聖棄知」、「絕仁棄義」（第十九章）的說法相同。

本文描寫明王的治道是：

功蓋天下而似不自己，化貸萬物而民弗恃，有莫舉名，使物自喜，立乎不測而遊

於無有者也。（〈應帝王〉）

這與《老子》所謂：

萬物作焉而不辭，生而不有，為而不恃，功成而弗居。（第二章）

夫道善貸且成。（第四十一章）

是完全相同的，可見莊子在政治方面的見解都是從老子思想中引申而來的。

卅八、壺子四示（〈應帝王〉）

在〈應帝王〉一文中，各段似乎都提及帝王或政治方面的思想，只有其中一大段有關神巫季咸與列子的老師壺子鬥法的故事似乎都是談修心的工夫，表面上好像與「應帝王」無關似的。因此對於這段故事有兩點值得研究：一是它的理論要點是什麼？二是它與「應帝王」又有什麼關係？

（一）壺子四示有四個層次，第一是所謂：

吾示之以地文，萌乎不震不正，是殆見吾杜德機也。

這是說他的表現像沉寂的大地一樣，沒有一點念頭，沒有一點就有道而正的思想萌生，這叫做杜德機。「德」就是《易經》所謂「天地之大德曰生」（〈繫辭下傳〉第一章）的德，也就是生的意思。所以在這一層次上，只是杜絕生機。如許多修禪者的絕滅一切心念，而走入枯禪死定的路子。

第二是所謂：

吾示之以天壤，名實不入，而機發於踵，是殆見吾善者機也。

天壤，就是天機入於土壤。這代表陰陽相遇，氣機動了。但這只是氣機初發之時，沒有任何名實概念的介入，只有微微的氣機從腳跟而生，這叫做善者機。「善」字如《易經》上所謂「一陰一陽之謂道，繼之者善也」（〈繫辭上傳〉第五章）的善，這是代表陰陽相遇而發展的意思。所以在這一層次上，已有氣機的發展。如修禪者的氣脈初通，氣息從腳跟緩緩上升。

第三是所謂：

> 吾鄉示之以太沖莫勝，是殆見吾衡氣機也。

「太沖」就是太虛，也是指一種沖和之氣。「莫勝」是指沒有一點求勝的朕兆，也就是說陰陽之氣相和諧，而沒有任何優劣的分別現象，這叫做衡氣機。衡就是指平衡、平和。這時，如修禪者不僅氣息沖和，而他的心念更是不住不執，正是莊子描寫心齋時的所謂「無門無毒」的境界。

第四是所謂：

吾示之以未始出吾宗，吾與之虛而委蛇，不知其誰何，因以為弟靡，因以為波隨。

「吾宗」是指道，也是指真我、本性。而「虛而委蛇」等語是指與萬物周流的意思，也正是莊子所謂的「萬物與我為一」的境界。如修禪者，不僅能見自家本來面目，也能見萬物的本來面目。這時此心有如「心普萬物而無心」，並非真正無心，而是與萬物同化。

（二）壺子這四示究竟與「應帝王」有什麼關係？我們曾經說過「應帝王」的意思乃是「因應無心乃帝王之德」，所以應帝王重在因應無心的意思。而壺子四示的最後一個層次就是說明此心與萬物相應共化的主旨。也正是《老子》所謂：「聖人無常心，以百姓心為心。」（第四十九章）的意思。

吳怡作品

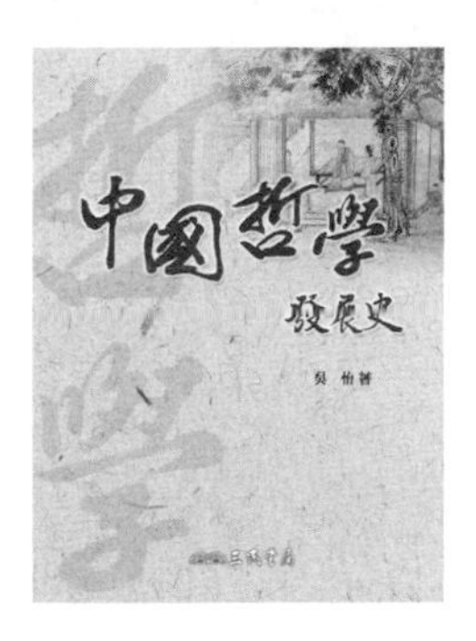

中國哲學發展史

本書嘗試揭露中國哲人們的思想精神，由每位哲人思想的中心觀念入手，由此貫串其哲學體系，探索其思想的發展和影響，看看先哲們是如何前後相承地傳續智慧的聖火。希望讀者們能藉此更進一步去研讀原典，直承前哲們的思想精神，繼續往前邁進。

哲學演講錄

本書收錄了十篇關於中國哲學的演講，每一篇都有其嚴肅的主題、正確的觀點和崇高的理想。吳怡教授以清楚易懂又令人信服的演說，把深奧冰冷的哲理傳遞給每一位想要探索人生意義的朋友。讀完本書，您無異參加了十次難得的演講會，聽吳怡教授為您訴說中國哲學的精蘊。

生命的哲學

本書收錄的六篇文字，都是作者研究和發揚中國整體生命哲學的論文和講稿，原名為「中國生命哲學的提昇與開展」。我們的生命從肉體的結構來說，與其他動物沒有多大差別；但佛家說人身難得，因為人身中的這個「心」的特殊性，使人的生命可以向上提昇而成為偉大的人性和神性。同時由於心心的相印和相傳，使我們的生命能向外和向前開展，步步提昇，臻於完美。

公案禪語

本書第一部分為作者所選四十則重要公案，每一則都表現了禪宗思想的某一特色，同時也代表禪宗法統上的繼承脈絡。作者的解說，不僅化深奧為簡易，前後通讀，可視為一部小型的禪宗思想史。第二部分為《無門關》一書的註解，該書在日本與《碧巖錄》齊名，在美國也有數種譯本，但在中土卻早已失傳。作者所作的《無門關》註解，無異是原璧歸趙，讓這部流落異鄉數百年之久的寶典，重現光華。